Gütersloher Taschenbücher / Siebenstern 809

Weitere Taschenbücher zur Advents- und Weihnachtszeit:

GTB	62	*Axel Hambraeus:* Weihnachtsgäste, 8. Aufl.
GTB	74	*Gerhard Timmer (Hg.):* Es begab sich zu der Zeit. Weihnachtsgeschichten, 7. Aufl.
GTB	236	*Horst Nitschke (Hg.):* was fällt ihnen zu weihnachten ein? 5. Aufl.
GTB	286	*Selma Lagerlöf:* Geschichten zur Weihnachtszeit, 5. Aufl.
GTB	321	*Rudolf Otto Wiemer:* Bethlehem ist überall. Geschichten und Gedichte zur Weihnachtszeit, 5. Aufl.
GTB	804	*Julie Imker (Hg.):* Advents- und Weihnachtsgeschichten – Kindern erzählt, 4. Aufl.
GTB	812	*Manfred Baumotte (Hg.):* Wir gehen zur Krippe. Advents- und Weihnachtsspiele, 2. Aufl.
GTB	816	*Manfred Baumotte (Hg.)* Kommt mit nach Bethlehem. Neue Advents- und Weihnachtsspiele.
GTB	900	*Klaus Jöhnk:* Das Adventskalenderbuch. Mit Bildern von Christian Kämpf, 3. Aufl.
GTB	1039	*Johannes Wachsmuth (Hg.):* Immer werden wir's erzählen. Geschichten zur Advents- und Weihnachtszeit, 2. Aufl.
GTB	1059	*Steffi Baum (Hg.):* Liebes Christkind, lieber Weihnachtsmann. Kinderbriefe nach Himmelpforten, 2. Aufl.
GTB	1060	*Eric Hultsch:* Die dicken und die dünnen Weihnachtsmänner. Neue Weihnachtsgeschichten für Kleine und Große, 4. Aufl.
GTB	1073	*Gerhard Timmer (Hg.):* Wißt ihr noch, wie es geschehen? Weihnachtsgeschichten, 2. Aufl.
GTB	1085	*Martin Verlohr (Hg.):* Und sie gingen nach Bethlehem. Weihnachtsgeschichten aus aller Welt, 2. Aufl.
GTB	1086	*Steffi Baum (Hg.):* Lieber Nikolaus, liebes Christkind. Neue Kinderbriefe nach Himmelpforten.
GTB	1091	*Raul Niemann (Hg.):* Macht hoch die Tür. Weihnachtslieder.
GTB	1092	*Eric Hultsch (Hg.):* Der Weihnachtstraum. Winter- und Weihnachtsmärchen
GTB	1097	*Jaan Hansen (Hg.):* Es weihnachtet sehr. Advents- und Weihnachtsgedichte.
GTB	1098	*Martin Verlohr (Hg.):* Und sie fanden das Kind. Weihnachtsgeschichten aus aller Welt.

Neue Advents- und Weihnachtsgeschichten – Kindern erzählt

AUSGEWÄHLT VON STEFFI BAUM
MIT BILDERN VON ERWIN MOSER

GÜTERSLOHER VERLAGSHAUS
GERD MOHN

Originalausgabe

CIP-Kurztitelaufnahme der Deutschen Bibliothek

Neue Advents- und Weihnachtsgeschichten – Kindern erzählt /
ausgew. von Steffi Baum. – Orig.-Ausg.,
3. Aufl., (24.–33. Tsd.). – Gütersloh:
Gütersloher Verl.-Haus Mohn, 1987.
(Gütersloher Taschenbücher Siebenstern; 809)
ISBN 3-579-00809-9

NE: Baum, Steffi [Hrsg.]; GT

3. Auflage (24.–33. Tsd.), 1987

Gesamtherstellung: Clausen & Bosse, Leck
Umschlagentwurf: Dieter Rehder, Aachen, unter Verwendung
einer Illustration von Erwin Moser, Wien
Printed in Germany

Inhalt

Wenn die Tage kürzer werden ...

Was tut ihr in der langen dunklen Zeit zwischen Herbst und Frühjahr, wenn der Winter ins Land zieht, wenn die Tage kürzer und die Nächte länger werden, wenn in euren Häusern und Wohnungen das Licht schon eher angeht und die Abende früher beginnen? Ihr freut euch ganz bestimmt auf Weihnachten, auf diese immer noch festlichste Zeit des Jahres, in der eurer Phantasie Flügel wachsen und jeder Tag neue Erlebnisse mit sich bringt, in der ihr die besonderen Ereignisse auf dem Weg zum Weihnachtsfest mit Spannung erlebt und in der die brennenden Adventskerzen an den näherkommenden Heiligabend erinnern.

Namhafte Kinderbuchautoren und -autorinnen unserer Zeit haben in diesem Band für euch neue Advents- und Weihnachtsgeschichten geschrieben, selbsterlebte und ausgedachte, heitere und ernste, zum Vorlesen und Selberlesen, zum Nachdenken und besinnlichen Schmökern, Geschichten, die ihr hoffentlich nicht nur einmal lest, die euch auf eurem Weg durch die Advents- und Weihnachtszeit begleiten, die euch ein wenig helfen, die Zeit davor und dazwischen zu überbrücken, und die deutlich machen, daß Weihnachten nicht nur Geschenke und die Erfüllung aller Wünsche bedeutet. Ob heiter oder besinnlich, nachdenklich oder traurig – dieses haben alle Geschichten gemeinsam: Sie sind in einer Sprache geschrieben, die ihr versteht, und erzählen von einem Geschehen, das sich stets aufs neue unter uns ereignet, das aber auch alljährlich wieder neu entdeckt und gefunden werden muß.

SONJA MATTHES

Alle Jahre wieder …

Ein kleines, zartes Schneekind kommt alle Jahre wieder zum Weihnachtsfest aus den Wolken herab zur Erde und sieht in unsere Häuser hinein. Die dreizehnte Fee hat es verzaubert.

Jetzt ist das Kind verflucht zu warten, zu suchen, bis es ein Dach gefunden hat, unter dem Menschen leben mit dem Sinn und Herzen eines kleinen Kindes – friedliche Menschen.

Nicht so, wie wir singen: »… Kehrt mit seinem Segen ein in jedes Haus …«, sondern: »… es kehrte gerne ein in den Segen eines Hauses …«

An dieses kleine Schneekind laßt uns denken, wenn es Winter und Weihnachten wird. Vielleicht sieht es in unser Haus.

HANNA HANISCH

Die Weihnachtsdistel

Komm, Jochen!« sagt der Vater. »Wir wollen ein bißchen frische Luft schnappen, wir beide.«

Jochen schaut aus dem Fenster.

Blödes Wetter! Nicht einmal richtiger Schnee ist gefallen. Nur grauer Matsch liegt auf der Straße.

Dann überlegt er: Vater hat zwei Stunden Mensch-ärgeredich-nicht mit ihm gespielt. Nein, er kann Vater nicht im Stich lassen.

Er zieht seine gelben Gummistiefel an, den blauen Anorak, er hängt sich den roten Schal um den Hals. Dann ziehen sie los, Jochen und Vater, immer die Straße lang.

Am Ende der Straße liegt ein Platz, ein leerer, unbebauter Platz. Er ist häßlich und kahl. Zwischen hartem, gelbem Gras liegt ein wenig Schnee. Am Rande wuchert Weißdorngebüsch. Eine zerfetzte Matratze liegt herum, Blechdosen, ein Stück Ofenrohr. Papierfetzen treiben im Wind.

Schade, denkt Jochen, im nächsten Jahr fangen sie hier mit dem Bauen an. Es war ein prima Fußballplatz. Niemand hat geschimpft.

Der Vater bleibt plötzlich stehen. Er scheint etwas zu beobachten. Jochen wundert sich: Was gibt es hier schon zu sehen?

»Paß auf!« sagt der Vater. »Ich gebe dir jetzt ein Rätsel auf. Es ist etwas, das sich hier auf dem Bauplatz befindet:

›Faßt du mich, so kratz' ich dich.
Frißt du mich, so stech' ich dich.
Nur die Esel mögen mich.‹«

Jochen hat Spaß am Rätselraten. Er schaut sich um. Die alte Matratze? Kann es nicht sein. Das Ofenrohr, die Blechbüchsen? Auch nicht. Die Papierfetzen? Na, das ist aber ein komisches Rätsel.

»Da, schau!« sagt der Vater. Er zeigt auf eine hohe, trockene Distel. Sie steht am Rand des Platzes. »Du mußt sie gegen das Licht betrachten.«

Eine Distel? Vielen Dank. Die würde Jochen nicht anfassen. Er ist doch kein Esel.

Dann kneift er ein wenig die Augen zusammen. Wie ein Scherenschnitt steht sie vor ihm. Die kleine Krone auf dem Samenkopf, die stachligen Blätter heben sich zart vom grauen Himmel ab.

Der Vater holt sein Taschenmesser heraus. Vorsichtig schneidet er den langen, harten Stiel ab und wickelt seinen Handschuh darum.

»Soll das ein Blumenstrauß sein?« lacht Jochen.

»Warum nicht? Mutter könnte sie in die Adventsvase stekken.«

Das will Jochen nicht in den Kopf. Was hat eine vertrocknete Distel mit Advent zu tun? Die ist viel zu schäbig für eine Vase mit Tannengrün.

»Ich werde sie vergolden«, sagt Jochen. »Mit Gold aus meinem Tuschkasten. Dann wird sie Mutter gefallen.«

»Na ja, wenn du meinst«, sagt der Vater, »ich dachte nur an den Esel.«

»An welchen Esel?«

»Der von Nazareth nach Bethlehem gezogen ist. Damals. Da waren die Disteln am Wege gewiß nicht vergoldet.«

»Da war überhaupt nichts vergoldet«, sagt Jochen, »richtig ärmlich war das. Der kalte Stall und bloß ein bißchen Stroh. Nicht mal eine alte Matratze haben sie gehabt!«

»Wird wohl so gewesen sein«, sagt der Vater.

Sie gehen eine Weile stumm nebeneinander, wieder die Straße zurück.

»Ich werde sie nicht vergolden«, sagt Jochen plötzlich, »sonst schmeckt sie dem Esel nicht.«

»Ja«, sagt der Vater, »eine Weihnachtsdistel braucht man nicht zu vergolden. Die ist auch so schön genug.«

MARIELUISE BERNHARD-VON LUTTITZ

Am Nikolaustag

In vielen Gegenden ist es auch heute noch Sitte, daß am 6. Dezember der Nikolaus kommt. Er trägt ein prächtiges Gewand und einen hohen Bischofshut und fragt zumeist bei den Eltern an, ob die kleineren Kinder auch brav waren und die größeren die Gebote kennen. Und wenn er nichts Schlechtes zu hören bekommt, ja einzelne Kinder gar noch einen Vers aufsagen, dann schüttet er seinen Sack mit Äpfeln, Nüssen und Naschwerk mitten in der Stube aus. Kaum anders als vor fünfzig Jahren. Nur daß damals die Jungen und Mädchen vor lauter Staunen und Glück ihren Mund nicht zubrachten. Auch Leckereien waren noch eine Seltenheit. Außer der Reihe gab es da nichts, da hätten die Kinder noch soviel betteln können.

Der Nikolaus hatte – und hat auch noch heute – meistens noch einen Begleiter dabei. Einen wüst aussehenden schwarzen Kerl, der die Rute schwingt und gar fürchterlich mit einer Kette rasselt. Krampus wird er genannt. Er sorgt dafür, daß die Kinder, die die Sache nicht ganz ernst nehmen wollen, den nötigen Respekt bekommen. Früher hat der Krampus einzelne Kinder auch mal mitgenommen – bis in den Hof! Das gab dann ein fürchterliches Geschrei. Aber dann liefen die Eltern doch meistens hinterher, um ihre Kleinen zurückzuerbitten. »Lieber Krampus, laß unser Hänschen oder Gretchen doch lieber da. Sie werden bestimmt von nun an ganz artig sein!«

Dergleichen kommt in unserer Zeit freilich nicht mehr vor. Da ist das Angstmachen eher ein Spaß.

Vor ein paar Jahren hat sich nun folgendes ereignet (die Geschichte ist wirklich so und nicht anders passiert):

In einem dörflichen Ort am Rand der Berge lebten zwei Jungen, Nachbarskinder, die miteinander befreundet waren. Dabei waren sie recht unterschiedlich, aber das bedeutet ja manchmal nichts. Manche Leute sagten: Die sind wie der große und der kleine Klaus!

Holger war elf, aber so groß und stark gewachsen, daß viele ihn für mindestens dreizehn hielten. Billi, ein Bürschchen zwischen acht und neun Jahren, mußte sich fragen lassen, ob er wohl schon sieben sei. So klein war er vorerst noch – was sich aber später ändern sollte!

Vielleicht hat dieser oder jener in einem Buch schon mal eine Geschichte von Billi gelesen, was natürlich sein Spitzname war. Dann weiß er, daß es sich jetzt um den gleichen handelt.

Eines Tages nun rückte die herrliche geheimnisvolle Vorweihnachtszeit wieder heran, als Holger seinen Freund Billi aufgeregt in eine Ecke zog.

»Billi, weißt du was? Mir ist was ganz Tolles eingefallen. Wir beide, du und ich, machen dieses Jahr Krampus und Nikolaus. Die richtigen kriegen doch nicht die Runde in all die Familien, wo Kinder sind. Da freuen sich manche bestimmt, wenn überhaupt einer kommt. Ich hab' auch gehört, daß man sich dabei ganz schön was verdienen kann!«

Fürs Verdienen war Billi immer. Mit seinem Taschengeld kam er nie aus. Auch sonst war er Feuer und Flamme. Nur eins behagte ihm nicht. Daß Holger ihm, dem Kleinen, die Rolle des Nikolaus zuwies und sich selber aufs Kettenrasseln freute.

»Nein, Holger, nein«, sagte er, »da mache ich nicht mit. So einen kleinen Nikolaus gibt's ja gar nicht. Da lachen doch alle nur. Eher kann ein Krampus der Kleinere sein!«

Aber eben der Meinung schloß sich der Große nicht an. »Weißt du was?« sagte er. »Ich bastele dir einen riesenhohen Bischofshut. Dann sind wir mindestens gleich groß, wir zwei!«

Billi gab seufzend nach. Wann hatte er sich gegen den soviel älteren und größeren Freund schon mal durchsetzen können? Er sagte dann höchstens: Wenn du nicht willst, suche ich mir einen anderen.

Nun aber begann eine gewaltige Heimlichtuerei. Billis Mutter drückte beide Augen zu – der Vater lebte nicht mehr –, als das große Paket Watte verschwunden war, das sie eben aus der Drogerie heimgebracht hatte. Auch ein Bündel schwarze Wolle vermißte sie. Und die schwarze Schuhcreme – wo hatte sie die denn nur hingetan?

Anders Billis Schwester Cornelia, die verzweifelt ihr schönstes Nachthemd suchte. »Mutti, das ist ehrlich weg!«

»Ach was«, sagte die Mutter, »das gibt's ja gar nicht. Guck nur richtig nach!«

Billi aber hatte sich gleich auf die Toilette verzogen, ehe er in Verdacht geriet. Er schwindelte nur, wenn es sich gar nicht umgehen ließ.

Dann endlich war es soweit. Eine große Sechs prangte auf dem Kalenderblatt. Beide Geschwister hatten am Vorabend einen Schuh vor die Tür gestellt, den sie auch aufs schönste gefüllt vorfanden. Billi entdeckte in seinem hohen Stiefel freilich keine Pfeffernuß mehr als Cornelia in ihrem Halbschuh. Sie lachte den Bruder aus: »Eines Tags findest du mal gar nichts mehr. Der Nikolaus mag nämlich Kinder nicht, die immer mehr als andere haben wollen!«

Billi verzichtete darauf, seiner Schwester die Zunge zu zeigen. ›Wenn sie wüßte!‹ dachte er nur.

Später, am Nachmittag, sagte er zur Mutter, daß er zum Holger ginge. »Ich kapier' Mathe mal wieder nicht. Kann sein, daß es ein bißchen später wird!«

»Aber bitte nicht zu spät«, mahnte die Mutter. Sie war gerade damit beschäftigt, Teig anzurühren. Billie stürmte die Treppe hinunter.

Als es dunkelte, schlichen zwei seltsame Gestalten an den Hauswänden lang. Einer, der sehr viel kleinere, steckte in einem langen weißen Gewand, über das er fortgesetzt stolperte. Schließlich zog er es mit der Schärpe hoch, die es in der Mitte zusammenhielt. Den Hut aus Goldpapier, der an eine Zuckertüte erinnerte, schob er sich dauernd aus dem Gesicht. Doch in der Hand hielt er einen glitzernden Bischofsstab. Der Wattebart hing ihm bis zum Bauch.

Anders der Begleiter, der zum Davonlaufen grausig aussah. Hörner wuchsen ihm aus der Stirn, schwarze Zottelhaare aus dem Gesicht. Und das Maul, das man als Mund wirklich nicht mehr bezeichnen konnte, reichte von einem Ohr bis zum anderen. Um die Schultern trug er ein Fell. Mit der Rute drohte er. Die Kette, der Art, daß man einen bissigen Hund damit hätte fesseln können, schleifte er hinter sich her.

Ein paar Kinder waren noch auf der Straße. Die schrien jetzt hu und rannten davon. Als sie aber den Nikolaus entdeckten, der mit Gewand und Mütze kämpfte, blieben sie lachend stehen.

»Guckt mal den! Der ist ja süß. So ein winziger Nikolaus. Ja Nikolauslein, wo willst du denn hin?« Sie zupften an seiner Kleidung herum, schnipsten mit den Fingern an den Hut. Als der Krampus aber über sie herfiel, nahmen sie wiederum Reißaus.

»Siehst du«, sagte er stolz zu seinem Freund, »wie ich dich beschützen kann? Vor mir haben sie Angst!«

»Keine Kunst«, sagte Billi. »Und außerdem ist das ganz verkehrt. Denn du bist der Knecht, und ich bin der Herr. Ich mach' nicht mehr mit. Ich geh' heim. Ich hab' ja gewußt, daß ich bloß ausgelacht werde!«

Aber nun fiel dem Großen wieder was ein, der den Kleinen nicht aus der Zange ließ, wie man so sagt.

»*Billi!* Ich weiß was. Daß wir da nicht gleich darauf gekommen sind. »Wir holen den Muri. Da sitzt du auf. Und dann bist du echt größer als ich!«

Jetzt wollt ihr wissen, wer Muri war. Billis *Esel* war er. Aber kein Stofftier, falls einer das denkt. Er gehörte ihm, wie anderen Kindern Meerschweinchen oder weiße Mäuse gehören. Muri fraß schon seit einiger Zeit bei einem Bauern das Gnadenbrot. Aber niemand liebte ihn so, fütterte ihn so regelmäßig, pflegte und putzte ihn, führte ihn aus und ritt mit ihm spazieren wie Billi, der nur ein paar Häuser weiter wohnte. Dann, an seinem achten Geburtstag, sagte der Bauer: »Wenn du ihn haben willst, schenke ich ihn dir. Er kann trotzdem bei uns im Stall stehen

bleiben!« Niemand war glücklicher als Billi, der sich jetzt noch mehr um *seinen* Muri kümmerte.

Doch vom Vorschlag des Freundes hielt er nichts. »Holger! Dann wissen doch alle gleich, daß ich das bin. Die kennen mich und den Esel doch!«

Auch Muri sah nur ungern ein, daß er sein warmes Plätzchen im Stall gegen Kälte und Dunkelheit tauschen sollte. Holger setzte sich trotzdem durch.

»Billi! Das hätte ich echt nicht gedacht, daß du so eine müde Pflaume bist. Aber weißt du was? Ich versteh' dich ja. Wir gehen einfach ins Nachbardorf. Da weiß bestimmt keiner, wer wir sind. Und du bleibst auf dem Esel. Du steigst gar nicht ab. Ich sage dann einfach: ›Der Nikolaus hat sich den Fuß verstaucht‹, und hole die Kinder und die Großen nach draußen. Billi, das gibt noch einen tollen Spaß. Das wirst du schon sehen!«

Das Nachbardorf war entweder auf einem Umweg über die Straße mit all den Autos zu erreichen oder kürzer über den Hügel.

Holger stapfte den steilen Pfad voran. Billi und sein Esel folgten. Auch Billi zu Fuß. »Ich steige erst bei den Häusern auf!«

Muri blies so schon seinen Atem wie Rauch von sich. Trotz aller Kälte schwitzte er. Es war schon ein wenig Schnee gefallen, der wie Glas unter den Füßen knirschte. Das Mondlicht brach sich an den Bäumen. Es war dunkel im Wald. Holger fingerte nach seiner Taschenlampe. Hin und wieder knackte ein Ast. Sonst war es still.

Billi blieb stehen, um Muri die nassen Flanken trocken zu reiben.

»Armer Muri«, sagte er. Plötzlich stutzte er.

»Holger!«

»Was?«

»Da kommen welche. Hör mal, wie die schreien. Ob das Betrunkene sind? Vor Betrunkenen habe ich Angst!«

»Ich nicht«, sagte der große kettenrasselnde Krampus und war der erste, der in die Büsche sprang.

Billi-Nikolaus wollte ihm folgen, aber Muri, der Esel, machte nicht mit. Er sperrte sich, blieb auf dem Weg wie angeschraubt stehen. Seinem Herrn wäre fast: »Dummer Esel« entfahren.

Die Stimmen und das Gebrüll kamen jetzt näher. Zwischen den Bäumen tanzten Lichter wie Irrlichter. Im Schatten einer Tanne machte sich der kleine Nikolaus noch kleiner, als er so schon war. Muri rührte sich nicht vom Fleck. Beide Jungen äugten wie die Siouxindianer. Das Herz schlug ihnen zum Hals heraus.

Plötzlich aber ebbte das Stimmengewirr wieder ab. Die Lichter bewegten sich nach einer anderen Richtung.

Billi ächzte: »Die ziehen ab. Mann, da haben wir vielleicht Glück gehabt!«

Da geschah es. Muri, der Esel, hob seinen Kopf. »Iah, iah, iah!« tönte es gleich Fanfarenstößen durch den Wald. Billi sprang vor, suchte ihm das Maul zuzuhalten. Zu spät. Die ganze Gesellschaft hatte schon kehrtgemacht. Billi duckte sich von neuem. Sein Krampus auch.

Plötzlich ragte im Licht des Vollmonds eine hohe weiße Gestalt, der ein goldenes Kreuz auf der Brust funkelte. Den Kopf krönte ein echter Bischofshut. In seinem Gefolge aber tobten vier rutenschwingende schwarze Gesellen.

Als sie den Esel entdeckten, wollte ihr Gelächter kein Ende nehmen. »Ja, guckt mal den! Wie kommt der denn hierher? Den nehmen wir mit!«

In *dem* Augenblick schoß der kleine Nikolaus freilich vor. Seine Angst zählte nicht mehr.

»Nein!« schrie er. »Laßt den stehen! Der gehört mir!«

Worauf das Vergnügen für die ausgelassene Bande nun erst recht begann, zumal Billi wieder einmal über das Nachthemd seiner Schwester gestolpert war. Ungewollt hatte er vor allen einen Kniefall gemacht. Der große Nikolaus hob ihn auf, um sich gleich darauf – ganz unheilig – auf die Knie zu schlagen.

»Ja, wer ist denn das? Wen haben wir denn hier? Habe ich ein Brüderchen bekommen? Ja, laß dich mal anschauen, Brüderchen!«

Der große Nikolaus war wie ein Turm über dem kleinen. Ein Krampus nahm ihm den Hut vom Kopf. Ein anderer riß die Schärpe auf. Einige Taschenlampen blendeten ihn. Und das war zuviel.

Plötzlich biß, kratzte, spuckte der kleine Nikolaus um sich, wen und wohin er gerade traf. Gellend schrie er nach seinem Knecht. »Holger, wo bist du? Hilf mir doch!« Aber den hatte die Erde verschluckt.

Statt seiner nahm sich der große Nikolaus des »Brüderchens« an, aber anders, als sich das der kleine wünschen mochte.

»Gebt mir mal eine Rute, Gesellen!«

Und schon fühlte sich »das Brüderchen« übers Knie gelegt. Freilich gab er keinen Mucks von sich. Die Streiche mochten auch zu ertragen sein.

Als er wieder auf der Erde stand, war den vier Krampussen das Lachen vergangen. Sie suchten ihm sogar das Gewand zu richten. Im Gehen wandte sich der große Nikolaus noch einmal um: »Also, laß dir das eine Lehre sein, Bürschchen, falls du einmal ein echter Nikolaus werden willst. Denn da fehlt noch viel!«

Billi starrte der ganzen Gesellschaft nach. Dann befreite er sich von seinem Bischofsgewand, das er sorgfältig zusammenlegte. Den Hut ließ er liegen, wo er war. Er nahm seinen Esel am Zügel. »Komm, Muri, wir gehen nach Hause. Das war's!«

Auf dem Weg aber war Krampus, der Schreckensmacher, plötzlich wieder neben seinem Herrn. Auch er riß sich die Maske mit den schrecklichen Zottelhaaren vom Gesicht.

»Billi! Was ist denn? Guck mich doch an! Du bist mir doch

nicht böse? Ich hätte dir doch gar nicht helfen *können*, bei so vielen. Die hätten mich doch höchstens auch noch versohlt!«

Billi sah weiter an seinem Begleiter vorbei. »Und so einer wie *du*«, sagte er nur, »der hat *mich* beschützen wollen!«

DORIS JANNAUSCH

Der Nikolaus am Fallschirm

Weit draußen auf dem Meer fuhr ein Schiff. Die Matrosen saßen im Mannschaftsraum, tranken Glühwein und sangen Lieder. Benjamin, der jüngste unter ihnen, spielte Mundharmonika. Doch seine Lieder klangen an diesem Abend nicht fröhlich wie sonst, denn es war Nikolaustag und alle hatten Heimweh.

Etwas später mußte Benjamin an Deck, um Wache zu halten. Hui, wie der eisige Wind heulte und pfiff! Da konnten einem ja glatt die Ohren abfrieren. Benjamin hob das Fernglas an die Augen und schaute hinaus aufs weite Meer, wo nichts zu sehen war. Nur Wasser, nichts als Wasser.

›Zu Hause werden sie jetzt in der warmen Stube sitzen und Pfefferkuchen essen‹, dachte Benjamin traurig, während ihm die Tränen in die Augen traten. ›Bestimmt war der Nikolaus längst bei meinen kleinen Geschwistern!‹

Ach ja, der Nikolaus!

Hier draußen zwischen den Eisbergen gab es keinen Nikolaus. Wie sollte er hierherkommen? Benjamin seufzte und blickte weiter durch das Fernglas. Plötzlich schwebte etwas vom Himmel herab, kam näher und näher. Zuerst dachte Benjamin, es sei ein UFO mit Marsbewohnern, das im Meer landen wollte. Doch dann sah er genauer hin. Er erkannte einen roten Mantel und auch einen langen weißen Bart. Nicht zu glauben! Was da durch die Luft gesegelt kam, war kein anderer als der Nikolaus. Er hing an einem weißen Fallschirm und nahm direkten Kurs auf das Schiff.

»He, hallo!« brüllte Benjamin so laut er konnte. »Kommt her! Der Nikolaus fällt vom Himmel und wird gleich bei uns landen.«

Die Matrosen kamen angelaufen, und bald gab es ein großes Gedrängel an Deck, weil jeder sehen wollte, ob es auch stimmte, was Benjamin da sagte. Sie starrten verblüfft in die Luft und trauten ihren Augen nicht: Ja, es war der Nikolaus, der da herabsegelte.

»Macht Platz, Leute!« rief er. »Soll ich euch etwa auf eure Nasen purzeln?«

Da traten sie schnell zur Seite, und der Nikolaus fiel ihnen – rums! – vor die Füße. Der Fallschirm auf ihn drauf. Der arme Nikolaus mußte kräftig mit den Armen rudern, um sich zu befreien. Die Matrosen halfen ihm dabei. Endlich stand er auf den Beinen, machte »uff!« und verschnaufte erst mal. Dann ächzte er: »Das war ziemlich anstrengend, bei diesem Sturm auf eurem Schiff zu landen, das dürft ihr mir glauben! Als ich da am Fallschirm baumelte, war mir ganz schön mulmig zumute. Was man als alter Mann alles machen muß, um seine Gaben loszuwerden!«

Der Kapitän trat vor, legte zur Begrüßung die Hand an die Mütze und rief: »Willkommen an Bord!«

»Ahoi allerseits«, antwortete der Nikolaus und reichte jedem die Hand.

»Fein, daß du uns nicht vergessen hast«, sagte Benjamin glücklich.

»Wie werde ich euch denn vergessen!« Der Nikolaus lachte. »Bin ich nicht der Schutzpatron der Seeleute? Na also. Darum habe ich euch auch was mitgebracht.«

»Hurra!« jubelten die Matrosen. Sie führten ihn in den Mannschaftsraum, wo es ans Verteilen der Geschenke ging. Es gab Schokolade, Tabak und Pfefferkuchen. Auch Nüsse, Rum und Zuckerbrezeln. Danach lud der Kapitän den Nikolaus zu einem Glühwein ein, damit er sich für die Rückreise stärken konnte. Benjamin spielte dazu auf seiner Mundharmonika. Diesmal waren die Lieder lustig. Alle sangen dazu. Auch der Nikolaus ließ seine tiefe Baßstimme ertönen, und es klang wunderschön.

Gegen Mitternacht wollte der Nikolaus aufbrechen. Sie begleiteten ihn zum Oberdeck und nahmen Abschied.

»Wie kommst du denn wieder nach Hause?« fragte Benjamin.

»Das ist mein Geheimnis«, erwiderte der Nikolaus und machte ein verschmitztes Gesicht. »Seht ihr die Insel dort drüben?«

Sie wandten die Köpfe und blickten gespannt in die Richtung, in die der Nikolaus zeigte. Doch weit und breit war keine Insel zu sehen. Als sie sich enttäuscht umdrehten, war ihr Besucher auf und davon. Geflogen oder geschwommen? Keiner wußte es.

›Vielleicht haben wir uns das alles nur eingebildet‹, überlegte ein Matrose, der nicht mehr ganz nüchtern war. ›Dieser verdammte Glühwein vernebelt einem das Gehirn.‹

Doch da waren die Geschenke. Auch der Fallschirm lag noch an derselben Stelle, wo der Nikolaus herabgekommen war. Ein seltsamer Glanz ging von der weißen Seide aus, und nun wußten sie, daß sie nicht geträumt hatten.

»Der Fallschirm kommt ins Seefahrtmuseum«, sagte der Kapitän. »Es handelt sich um ein höchst kostbares Stück, denn es ist noch niemals vorgekommen, daß der Nikolaus auf einem Schiff landete – mitten im Meer.«

»Wo er doch sonst nur zu den Kindern kommt«, meinte Benjamin, der wieder an seine kleinen Geschwister denken mußte. Er hatte einen Pfefferkuchen mit Mandeln in der Hand und biß mit großem Appetit hinein. Das war natürlich ein Geschenk vom Nikolaus.

»Wir müssen auf ihn anstoßen!« riefen die Matrosen und verließen das Deck, um in den Mannschaftsraum zu gehen. Nur Benjamin blieb zurück. Er schaute durchs Fernglas. Zuerst aufs Meer hinaus, dann in die Sterne. Da – was war das? Der Himmel öffnete sich für kurze Zeit, und ein goldener Strahl huschte durch die Nacht. Das geschah, um Sankt Nikolaus hereinzulassen. Ja, ja, so mußte es sein! Danach blieb alles dunkel.

Benjamin stand still und wartete, weil er dachte: ›Vielleicht geschieht noch ein Wunder in der Nacht!‹ Doch es geschah nichts mehr. Nur eine Sternschnuppe fiel vom Himmel, sauste haarscharf an Benjamins Nase vorbei und fiel ins Meer.

Ob sie ein Gruß vom Nikolaus war?

ACHIM BRÖGER

Alles sehr merkwürdig

Meine Familie dreht durch, wirklich. Ich liege harmlos auf dem Teppich im Wohnzimmer, alle viere von mir gestreckt. Sonst bückt sich mal einer und streichelt mich. Aber heute stolpern sie nur über mich. Und sie reißen ständig die Tür auf, rennen rein und raus wie wild, rufen: »Weg da! Aus dem Weg, Flocki!«

Flocki, das bin ich. Leider. Ob einer von ihnen krank ist? Ich mach' mir Sorgen um sie.

Da poltert schon wieder jemand über den Flur und stößt die

Wohnzimmertür auf. Ach, der Große ist es. Papa, nennen sie ihn. Papa, Mensch, fall nicht über mich. Schon passiert. Knurr' ich ihn an? Ne, lieber nicht. Sonst knurrt er zurück. Was schleppt er ins Wohnzimmer, der Papa? Einen Baum. Will er den verheizen? Ne, glaub' ich nicht. Meine Familie heizt mit Öl. Bestimmt hat er den Wohnzimmerbaum für mich besorgt, fällt mir da ein. Der Papa möchte nicht, daß ich bei der Kälte raus muß, um mein Bein am nächsten Straßenbaum zu heben. Ist das lieb! So ein schöner Baum und ganz für mich! Vor Dankbarkeit spring' ich auf und renn' zum Baum. Den will ich unbedingt und gleich ausprobieren. Ich hebe gerade mein Bein, da keift der Papa los: »Laß das! Der ist nicht für dich!«

Ach so ... jetzt bin ich aber beleidigt. Schwanz eingekniffen – und unter das Sofa. Ich möchte nur wissen, was er mit dem grünen Ding im Wohnzimmer anfangen will.

Das ist heute alles sehr merkwürdig. Ich krieche nach vorne zu meiner alten Stelle auf dem Teppich. Vorsicht! Der Papa kommt ... und zack ... stolpert er wieder über mich. Ich jaule laut auf, damit er mich zum Trost streichelt.

So ... das war laut genug. Na los ... bück dich, Großer, streichle mich. Aber nein, das tut er nicht. Er knurrt nur: »Lieg nicht im Weg. Verschwinde!«

Unfreundlicher Kerl, denke ich. »Du sollst hören! Verschwinde!« ruft er und reißt die Tür auf. Er zeigt zum Badezimmer. Dorthin soll ich immer, wenn ich im Weg bin. Ich will aber nicht. Die Fußbodenfliesen sind so schaurig kalt. Leider muß ich.

Ich liege da und spitze die Ohren. Aus den Zimmern der Kinder poltert und hämmert es. Aber vor allem riecht es überall ganz unverschämt gut nach großem Vogel. Der Duft kommt aus der Küche. Gesehen hab' ich den Vogel auch schon. Die Mama hat ihn reingetragen. Ein Riesending ohne Federn.

Eigentlich ist das ungerecht. Ich darf keine Vögel jagen und schnappen, nicht mal einen kleinen. Das haben sie mir streng verboten. Wenn ich's doch tue, komme ich an die Leine. Aber die holen sich einfach einen Vogel. Ob die Mama höchstpersönlich hinter ihm hergerannt ist und ihn geschnappt hat? Das hätte ich ja zu gerne gesehen. Danach hätte ich die Mama zur Strafe an die Leine genommen.

Wumm! wird die Tür aufgestoßen. Ich kann gerade noch wegspringen. Der Kleinste rast ins Badezimmer und wäscht die Hände. Ob er mit mir spielt? Ich stups' ihn ins Knie. Dann renne ich ein paar Schritte weg. Meistens rennt er hinter mir her. Heute murmelt er nur: »Keine Zeit. Ich muß noch was fertig machen, und dann will ich die Schuhe putzen.«

Der will die Schuhe putzen! Der ist irre geworden. Er hat auch so einen seltsam roten Kopf und so ein komisches Glitzern in den Augen. Und schon flitzt er raus.

Ich muß nachdenken, was das bedeutet. Ein Baum im Zimmer? In der Küche ein großer Vogel? Gebäckduft? Alle laufen aufgeregt hin und her und flüstern miteinander. Der Kleinste putzt die Schuhe. Freiwillig! Da fällt mir noch ein, daß Mutter gestern das Haus geputzt hat, und Vater hat Päckchen aus dem Auto geholt.

Jetzt bin ich fast ein dreiviertel Jahr alt, aber so eine Aufregung und so ein Durcheinander habe ich bisher nie erlebt. Mal schauen, was sonst noch alles los ist.

»Wo hast du denn die Kerzen?« höre ich Mama. Wieso sucht sie Kerzen? Das elektrische Licht brennt doch. Wir haben keinen Stromausfall wie vor ein paar Wochen. Na ja, wahrscheinlich kommt er noch, der Stromausfall. Jetzt ruft der Papa aus der Küche zur Mama ins Wohnzimmer: »Die Kerzen wolltest du mitbringen.«

»Ne, du«, kommt von ihr zurück.

»Ich weiß genau, daß du gesagt hast: Ich bring' rote Kerzen mit«, behauptete er.

»Kann nicht sein«, meint sie, »ich will gelbe.« Dann rufen sie beide: »Klaus!« Das ist der Älteste. Und es passiert noch ein Wunder. Klaus kommt sofort, als sie nach ihm rufen. Sonst trödelt er sehr.

»Lauf bitte schnell zum Kiosk und kauf vier Kartons rote Kerzen«, sagt Papa.

»Ne, gelbe«, sagt Mama.

»Also gut, zwei Kartons rote und zwei Kartons gelbe«, entscheidet Klaus. Im nächsten Augenblick rennt er los. Mensch, hat der es eilig, und vier Kartons Kerzen will er holen. Dann gibt es bestimmt lange keinen Strom.

Jetzt höre ich die Mama: »Wir müssen uns beeilen. Die Verwandtschaft kommt in eineinhalb Stunden.« Ich verstehe ... das wird heute eine Familienversammlung. Stromausfall und Rudeltreffen. Aber ne, dahinter steckt mehr, denn im Wohnzimmer sägt Papa unten am Baum herum. Das tut er sonst nie, wenn die Verwandtschaft kommt.

Ob er den Baum Stück für Stück zersägt? Wahrscheinlich kriegt dann jeder Verwandte ein Stück Baum in die Pfoten ... ne ... Hände heißt das ja bei denen. Dann wäre das grüne Ding gerecht verteilt.

Aber Papa sägt nur das unterste Stückchen vom Baum ab. Jetzt kommt Susanne und zeigt ihm etwas. »Ist schön geworden«, flüstert er. In dem Augenblick öffnet Mama die Wohnzimmertür. Susanne versteckt das schöne Ding hinterm Rükken und drückt sich an Mama vorbei.

Aha, Geheimnisse haben sie voreinander. Aber sonst tun sie, als würden sie sich alles erzählen. Da spiele ich nicht mit! Los, hinter Susanne her! Ich werde ihr das geheimnisvolle Ding abjagen und es Mama bringen. Schließlich gibt sie mir immer Futter. Sie soll auch mal was von mir kriegen.

Ich spring' an Susanne hoch und habe es schon fast im Maul, das geheimnisvolle Päckchen. Aber da wird Susanne giftig und schimpft: »Laß das! Verschwinde!« Sie stößt mich weg. Ich geb' auf und versteck' mich unterm Sofa.

Klaus kommt gerade mit den Kerzenkartons zurück. Zur Abwechslung ruft Papa jetzt ganz erschreckt: »Schon so spät! Und der Baum steht immer noch nicht!«

Wieso soll der Baum zu einer bestimmten Zeit im Wohnzimmer stehen? Keine Ahnung. Und als er dann aufrecht, prächtig und grün mitten im Zimmer viel Platz wegnimmt, passiert schon wieder etwas Komisches. Sie lassen ihn nicht einfach so stehen, nein, sie hängen runde Glaskugeln dran. Seltsam, seltsam. Und während sie das tun, fragt Klaus: »Wann zünden wir den Baum an?«

Ne, das gibt es nicht! Baumanzünden in der Wohnung! Die machen heute nur Quatsch. Mit zwei Sätzen springe ich zum Baum. Ich stell' mich davor und knurre jeden an, der näher kommt. Im Notfall werde ich auch beißen. Ich zeige ihnen schon mal meine Zähne, diesen Brandstiftern.

»Ich kann den Baum nicht schmücken, wenn mich der verrückte Kerl nicht ranläßt«, schimpft der Große.

Wer ist denn hier verrückt, hm? Erst den Baum schmücken und dann anzünden. Ich bin ganz verwirrt und verstehe gar nichts mehr. Sie sind sonst ziemlich normale, nette Leute. Aber heute ist irgendeine Schraube bei ihnen locker. Eigentlich hat das schon vor ein paar Tagen angefangen. Plötzlich wurden sie alle aufgeregt. Dann sind sie nicht mehr zur Schule und zur Arbeit gegangen. Wahrscheinlich ist es irgendwas mit den Nerven. Was sehr Ansteckendes.

Mama sagt zu den Kindern: »Ihr müßt euch umziehen! Und der Hund soll noch gekämmt werden.« Bloß nicht. Das ziept so.

Moment mal, ich glaube, daß ich was verstanden habe. Sie ziehen sich manchmal um, wenn sie weggehen. Wahrscheinlich gehen sie also weg, sozusagen gassi. Ich darf mit und soll vorher gekämmt werden. Aber die Verwandtschaft kommt hierher, das ganze Familienrudel. Jetzt dämmert's mir. Klar, weil die Verwandtschaft kommt, geht meine Familie. Sonst wäre nicht genug Platz für die Verwandtschaft. Aber der Baum, was soll der? Wahrscheinlich kommt er mit. Vielleicht wurden meine Straßenbäume abgehackt. Das wär' dann der Ersatzbaum, und sie schmücken ihn, damit er schön aussieht. Aber warum wollen sie ihn anzünden? Damit komme ich nicht klar.

Man kann die Menschen eben nicht ganz verstehen, tröste ich mich.

Ich leg' mich an die Küchentür. Dort ist der Duft am herrlichsten. Vor allem der große Vogel riecht ... hm, ganz wunderbar. Dazu kommt noch ein Geruch. Irgendeine besonders gute Wurst.

Die Küchentür steht offen und die Speisekammertür auch. Sehr nett. Auf leisen Sohlen in die Küche und zur Speisekammer geschlichen. Da guckt mich eine unglaublich prachtvolle Wurst an. Sie duftet ... zum Verlieben, zum Auffressen herrlich. Das halte ich nicht aus. Die schnappe ich mir.

Schon geschehen. Und jetzt husche ich unauffällig mit der Wurst im Maul über den Flur und suche uns ein gemütliches Plätzchen, meiner duftigen Wurst und mir.

Keiner hat uns gesehen. Unterm Wohnzimmersofa liege ich sehr gemütlich, die Wurst zwischen den Pfoten. Der Große hängt Sachen an den Baum, den er nachher anzünden will, und niemand verbietet ihm das. Im Gegenteil, die Mama kommt und lobt ihn. Verstehe ich nicht, aber die Wurst schmeckt.

Jetzt klopfen die Kinder an die Tür und fragen: »Wie lange dauert's denn noch?«

»Na, eine Viertelstunde«, antwortet die Mama. Warum klopfen die Kinder plötzlich? Das tun sie sonst nicht. Egal, noch ein Happen, und die Wurst ist aufgefuttert. Leider, lecker war's. Und jetzt verziehe ich mich an die frische Luft. Das tut gut nach dem Essen. Vielleicht vergessen sie in der Zwischenzeit, daß sie mich eigentlich kämmen und bürsten wollten.

»Wo kommst denn du her?« fragt der Papa, als ich unter dem Sofa vorkrieche. Dumme Frage, er sieht doch, wo ich herkomme.

Ich stell' mich vor die Haustür und belle. Da wissen sie, daß ich raus will. Der Kleine macht die Tür auf. Nett von ihm. »Flocki ist ja noch gar nicht gekämmt!« ruft Susanne hinter mir her. »Alte Petze!« knurre ich. Leider versteht sie mich nicht. Schön ist es draußen. Aus den meisten Häusern scheint

Kerzenlicht. Da hat der Stromausfall wohl schon angefangen.

Ein Mann kommt mir entgegen. Wer ist denn das? Auf dem Kopf trägt er eine rote Mütze, und auch sein Mantel ist rot. Ein dicker Rauschebart verdeckt das Gesicht. Und auf dem Rücken schleppt er einen Sack. Sehr verdächtig finde ich das und gehe hinter ihm her.

Der seltsame Kerl will zu uns, merke ich. Das kommt nicht in Frage! Schließlich bin ich der Wachhund. Ich renne zu unserer Haustür und stelle mich davor. Keinen Schritt weiter, heißt das, sonst beiße ich. Zur Warnung knurr' ich den Mann an. Aber der geht noch einen Schritt auf mich zu. Er kann wohl nicht hören.

So ein komischer Kerl! Der ist ja schlimmer als der Briefträger. Jetzt faßt er den Türgriff an. Ich fass' auch zu und zwicke ihn kräftig ins Hosenbein. Da jault er auf. Den Türgriff läßt er los und rennt den Gehsteig hinunter. Ein Stückchen renn' ich hinter ihm her, spring' an ihm hoch und belle.

Den hab' ich verscheucht, hat Spaß gemacht. Wehe, der läßt sich noch mal blicken. Bei uns kommt keiner rein, wenn ich das nicht will.

Jetzt taucht die Verwandtschaft auf, Opas, Omas, Onkel und Tanten. Ich gehe mit ihnen ins Haus. Das Familienrudel ist vollzählig. Aber nein, es fehlt wohl doch noch jemand, denn jeden Augenblick rennt eines der Kinder zur Haustür, guckt raus und fragt: »Wann ist er denn endlich da, der ...?« Und dann sagen sie ein komisches Wort, das ich nicht richtig verstehe. Ich hab' es vorher noch nie gehört. Es klingt nach Nacht und Mann, mit irgendwas davor. Ob der auch zur Verwandtschaft gehört?

Wann dieser Mann dasein wird, weiß ich nicht. Aber auf keinen Fall kommt einer mit rotem Mantel, Bart im Gesicht und Sack auf dem Rücken. Den hab' ich verscheucht. Und wenn der noch mal kommen sollte, ist was los.

Die Mama fragt: »Wo steckt denn die Extrawurst für

Flocki?« Ach so, das war meine Wurst, die ich vorhin gefressen habe. Die steckt in meinem Bauch. Da steckt sie ganz prima.

»Ich finde sie nicht«, höre ich aus der Küche. »Aber für alle Fälle habe ich eine zweite Wurst. Die legen wir ihm unter den Baum.«

Sehr gut. Die Mama ist ausgesprochen nett. Ich verstehe bloß nicht, warum die Wurst unter den Baum gelegt wird. Normalerweise kommt mein Futter in den Napf.

Plötzlich höre ich ein Pochen an der Terrassentür im Wohnzimmer. Nichts wie hin. Und wen sehe ich? Den Kerl mit Rauschebart und Sack auf dem Rücken. Der Papa springt auf. Ich aber auch. Er öffnet die Terrassentür und ich mein Maul. Laut bellend stürze ich mich auf den seltsamen Kerl.

»Flocki!« rufen alle. »Nicht!« Warum denn nicht? Die sind gemein. Ich soll wohl gar keinen Spaß haben. Der Kerl ist verdächtig. Das finden sie aber gar nicht. Sie lächeln ihn freundlich an. »Endlich!« sagt die Mama, und der Komische mit Rauschebart sagt: »Ich wär' früher gekommen und nicht durch die Terrassentür. Aber der hat mich verjagt.« Er zeigt auf mich, und ich kläffe stolz. Sie sollen ruhig merken, wie tüchtig ich bin. »Aber Flocki«, erklärt Susanne, »das ist doch der ...«

Wieder höre ich dieses seltsame Wort mit Nacht und Mann und irgendwas davor, das ich noch nie gehört habe. Danach sagt der Papa: »Jetzt zünden wir den Baum an.« Ich jaule noch mal. Das sollen sie nicht tun. »Pst, Flocki«, beruhigt mich Mama. Und dann meint sie: »Den Flocki verwirrt der Rummel heute sehr.«

»Kann man wohl sagen«, knurre ich. Aber mich versteht ja doch niemand. Jetzt beachtet mich auch keiner mehr. Alle drängeln ins Wohnzimmer. Mir ist klar, daß ich heute sehr gut aufpassen muß. Sonst geht noch mehr schief. Es ist schon ein seltsamer Tag, wirklich.

DORIS JANNAUSCH

Der kleine Roboter

Vielleicht wären sie niemals ins Warenhaus gegangen, hätte Tante Jo nicht gesagt: »Ihr müßt mit mir in die Stadt! Es ist wundervoll, was man da in den Schaufenstern sieht. Na, und im Kaufhaus Piepenbrink gibt es eine lustige Spielzeugausstellung für Kinder. Mit herrlichen Märchenfiguren.«

»Die muß ich sehen«, rief Uwe begeistert, »bitte, bitte!«

Doch die Eltern meinten, das ginge nicht. Dazu sei die Zeit zu knapp, so kurz vor Weihnachten. Außerdem hätten sie bereits alle Geschenke eingekauft.

»Nun habt euch nicht so«, sagte Tante Jo. Sie wollte gern mit Uwe einen kleinen Bummel durch die Stadt machen. »Wenn ihr nicht mitkommen wollt, gehen wir eben allein.«

Schließlich zogen sie aber doch alle zusammen los: Uwe, seine Eltern und Tante Jo. Ins Kaufhaus Piepenbrink.

Im dritten Stock befand sich die Spielzeugabteilung. Toll, was man dort zu sehen bekam! Da fuhr eine kleine Eisenbahn im Kreis herum. Da nickten die sieben Zwerge dem reizenden Schneewittchen zu. Da schüttelte Frau Holle die Betten, daß die Federn flogen. Da standen Hänsel und Gretel vor dem Knusperhäuschen, und die Hexe schaute tückisch zum Fenster heraus. Da schwebten Engel durch die Luft und ließen ihre Flügel glitzern. Ja, sogar der Weihnachtsmann war höchstpersönlich anwesend. Er hatte sich neben der Rolltreppe aufgebaut, lachte den Kindern freundlich zu, schenkte ihnen Kaugummi, Bonbons und Luftballons. Wer wollte, durfte auch mal kurz an seinem langen weißen Bart ziehen.

Uwe war so aufgeregt, daß er nichts antworten konnte, als Tante Jo ihn fragte, was er sich wünschte. Sehnsüchtig betrachtete er die Eisenbahn.

»Willst du sie?« Tante Jo sah ihn wartend an. »Ich kaufe sie dir!« Ehe Uwe etwas sagen konnte, ließ sich Tante Jo die Eisenbahn von der Verkäuferin einpacken. Sie war ziemlich teuer. Als sie den Preis hörte, zögerte Tante Jo einen Augenblick, bevor sie das Geld aus der Brieftasche holte, gab ihrem Herzen einen Stoß, lachte und bezahlte. Schließlich war nur einmal im Jahr Weihnachten!

»Die Eisenbahn bekommt er aber erst am Heiligen Abend«, bestimmte der Vater und nahm das Paket unter den Arm. »Wie sagt man?«

»Danke«, murmelte Uwe überwältigt.

»Jetzt reicht's aber«, meinte die Mutter. »Ich verstehe nicht, daß die Kinder heutzutage nicht genug bekommen können! Zu meiner Zeit war man schon für ein Buch dankbar. Jedes Jahr eines. Das las man dann, und damit basta!«

Sie gingen weiter. Uwe trödelte noch ein bißchen, sah sich in der Spielzeugabteilung um, und da geschah es: Er entdeckte den kleinen Roboter. Er war silbern und nicht größer als ein Kinderunterarm, von dem Ellenbogen bis zu den Fingerspitzen. Die Verkäuferin hatte ihn in der Hand und zeigte ihn einer Frau. Dann drückte sie auf einen Knopf an seinem viereckigen Bauch, und er sagte:

»Gu-ten Tag, ich hei-ße Ble-chi ...«

Das klang sehr komisch. Etwas dumpf und quakend, als säße ein Frosch im Radio. Dabei schaute Blechi mit blinkenden Augen auf Uwe.

»Wo bleibst du denn?« riefen die Eltern. »Mach schon! Wir wollen in die Lebensmittelabteilung, um gebratene Hähnchen zu holen. Die magst du doch so gern, oder?«

Uwe nickte zerstreut. Die Hähnchen waren ihm ausnahmsweise egal. Er dachte nur noch an den kleinen Roboter Blechi.

In der Nacht träumte er von ihm. Blechi stand auf seiner Bettdecke, streckte die silbernen Arme aus, ließ die Augen blinken und sagte: »Ich will zu dir, U-we. Hol mich schnell!«

Am nächsten Morgen fragte Tante Jo besorgt: »Was hast du, Junge? Ist dir nicht gut? Du siehst traurig aus.«

»Er hat nichts«, antwortete die Mutter für Uwe. »Höchstens Bauchschmerzen von den gebratenen Hähnchen.«

»Aber er hat keinen Bissen davon gegessen«, sagte Tante Jo. »Kann ich dir helfen?«

Uwe schüttelte den Kopf. Er hätte sich seiner Tante gern anvertraut, doch sie war immer so lieb und wollte ihm jeden Wunsch erfüllen. Das durfte er nicht ausnutzen. Sicher hätte Tante Jo ihm den Roboter gekauft. Aber die Eisenbahn war sehr teuer gewesen. Soviel Geld besaß sie nicht, das wußte Uwe. Tante Jo lebte von der Rente. Und die war nicht sehr hoch.

Was sollte er tun? Er mußte Blechi wiedersehen! Gleich nach dem Frühstück rannte er los: ins Kaufhaus Piepenbrink, zur Spielzeugabteilung.

Hurra, der Roboter war noch da!

Die Verkäuferin hatte alle Hände voll zu tun. Viele Leute waren mit ihren Kindern gekommen. Der Weihnachtsmann nickte Uwe wie einem alten Bekannten zu. Die Engelsflügel glitzerten. Schneewittchen ließ sich von den sieben Zwergen bewundern. Frau Holle schüttelte die Federbetten. Bösartig starrte die Hexe auf Hänsel und Gretel. Und auf dem Verkaufstisch zwischen Puppen und Räuchermännchen stand Blechi, der kleine Roboter, und sah Uwe stumm an. Da konnte er nicht anders. Schnell ergriff er den Roboter und schob ihn unter seine Jacke. Das hatte ein Mann beobachtet.

»He, Junge«, rief der fremde Mann. »Gib sofort das Spielzeug raus! Uwe starrte ihn an. »Hast du nicht gehört? Wo ist der Geschäftsführer! Dieser Junge ist ein Dieb.«

Von allen Seiten strömten Leute herbei, umringten Uwe, der mit feuerroten Ohren dastand und zu Boden blickte.

»Ich – ich habe nicht gestohlen«, schwindelte er. Doch plötzlich knarrte eine laute Stimme unter seiner Jacke:

»Gu-ten Tag, ich hei-ße Ble-chi ...«

Uwe mußte aus Versehen an den Knopf gekommen sein. Es

half nichts: Nun mußte er Farbe bekennen, ob er wollte oder nicht. Er holte den Roboter heraus und schämte sich ganz schrecklich. Ein scheußliches Gefühl!

»Unerhört«, regte die Verkäuferin sich auf. »Kaum dreht man den Rücken, wird man schon bestohlen! Sag mal, bist du nicht der Junge, der gestern die Eisenbahn bekommen hat?« Er nickte. »Du kannst wohl den Hals nicht voll genug kriegen, was?«

Der Geschäftsführer packte Uwe am Kragen und sagte: »Du kommst jetzt mit in mein Büro!« Doch da trat der Weihnachtsmann dazwischen.

»Lassen Sie den Jungen los«, sagte er mit seiner schönen, dunklen Stimme. »Er hat nicht gestohlen. Das Spielzeug habe ich ihm geschenkt.«

»Was?« entrüstete sich die Verkäuferin. »Und wo, bitte schön, ist das Geld dafür?«

»Hier«, der Weihnachtsmann zeigte auf den Verkaufstisch. Und wirklich! Neben der Kasse lagen einige Markstücke, soviel, wie der Roboter kostete.

»Entschuldigung«, hauchte die Verkäuferin. »Das muß ich übersehen haben.«

Der Geschäftsführer ließ Uwe los. Die neugierig gaffenden Leute, die auf ein aufregendes Ereignis gehofft hatten, gingen davon.

»Hier handelt es sich einwandfrei um einen Irrtum«, stellte der Geschäftsführer fest. »Nichts für ungut, mein Sohn.«

»Ich bin nicht Ihr Sohn«, rief Uwe ihm nach. Doch das hörte er nicht mehr. Auch die Verkäuferin kehrte wieder hinter ihren Verkaufstisch zurück. Uwe stand vor dem Weihnachtsmann. »Danke, daß Sie mir geholfen haben«, sagte er.

»Keine Ursache«, antwortete der Weihnachtsmann.

»Sie haben für mich gelogen. Hoffentlich kriegen Sie keinen Ärger meinetwegen. Es täte mir leid.«

»Es war eine Notlüge«, meinte der Weihnachtsmann. »Ich

konnte dich doch nicht im Stich lassen. Der kleine Roboter ist mein Geschenk für dich, weil doch bald Heiliger Abend ist.«

»Danke«, sagte Uwe noch einmal.

»Ich hoffe«, fuhr der Weihnachtsmann fort, »daß du dir das nächste Mal nicht selber nimmst, was du dir unbedingt wünschst.«

»Bestimmt nicht«, versprach Uwe und reichte dem Weihnachtsmann die Hand. »Es war nur, weil mich Blechi so angesehen hat!« Dann nahm er den Roboter fest in den Arm und fuhr mit der Rolltreppe ins Erdgeschoß. Am Ausgang stieß er mit dem Mann zusammen, der ihn einen Dieb genannt hatte.

»Na«, sagte der Mann, »da hast du aber Glück gehabt! Es gibt nicht überall so nette Menschen wie den Herrn Mangold.

»Herr Mangold?« staunte Uwe. »Wer ist denn das?«

»Der Mann, der dir das Spielzeug geschenkt hat.«

»Das war doch der Weihnachtsmann«, erklärte Uwe. »Haben Sie das nicht gesehen?«

»Von wegen!« Der Mann lachte verächtlich. »Das war kein anderer als der alte Mangold, der sich ein paar Mark damit verdient, daß er im Kaufhaus den Weihnachtsmann spielt.«

Uwe wollte das nicht glauben. Er rannte nach Hause. Die Eltern waren ausgegangen. Nur Tante Jo empfing ihn erfreut.

»Warum bist du denn so aufgeregt?« erkundigte sie sich.

Uwe erzählte, was passiert war.

»Du hast gestohlen?« rief Tante Jo erschrocken. »Einen kleinen Roboter?« Uwe nickte. »Weshalb hast du mir nicht gesagt, daß er dir so gut gefällt? Du hättest ihn doch von mir bekommen.«

»Na ja«, stammelte Uwe und wäre am liebsten in ein Mauseloch gekrochen, »du hattest mir ja schon die Eisenbahn geschenkt. Den Blechi habe ich erst später entdeckt. Und dann ...«, er unterbrach sich und fragte: »Sag mal, wer hat ihn mir nun wirklich geschenkt? Der Weihnachtsmann oder Herr Mangold?«

Tante Jo dachte nach. Dann meinte sie: »Ich glaube, das spielt keine Rolle. Auf jeden Fall war es jemand, der Kinder sehr gern hat. Das ist schließlich auch was wert, oder nicht?«

»Ja«, antwortete Uwe glücklich. Er stellte Blechi auf den Tisch, zwischen Mohnkuchen und Schlagsahne, die Tante Jo für Uwe bereitgestellt hatte. Der kleine Roboter ließ die Augen blinken und sagte:

»Gu-ten. Tag, ich hei-ße Ble-chi« – und fügte ganz laut hinzu: »Fro-he Weih-nach-ten!«

ACHIM BRÖGER

Lauter Wünsche

Lieber Weihnachtsmann,
nimm bitte meinen Bruder, verpacke ihn ganz schön und verschenke ihn an andere. Mir könntest Du dann dafür ein Meerschweinchen schenken. Am liebsten wäre mir ein Angorameerschweinchen. Das ist viel besser als ein Bruder. Kannst Du glauben. Erstens futtert es einem nicht alles weg, wie das mein verfressener (Entschuldigung, aber es stimmt!) Bruder tut. Zweitens will es nicht immer recht haben wie mein Bruder. Drittens wird es garantiert nicht dauernd auf das zweite Programm umstellen, wenn ich das erste sehen möchte. Viertens haut und zankt es nicht. Fünftens und überhaupt ist es bestimmt insgesamt viel netter als mein Bruder. Es gibt sicher

noch zehn andere Gründe, ihn gegen ein Meerschweinchen zu tauschen. Aber die ersten fünf reichen schon. Falls Du keinen kennst, der meinen Bruder geschenkt will, rufe mich bitte an, lieber Weihnachtsmann. In meiner Klasse gibt es nämlich eine, die einen Bruder möchte. Das liegt daran, daß sie noch nie einen gehabt hat. Wenn Du nicht genug Geschenkpapier für dieses große und etwas dickliche Geschenk auftreiben kannst, besorge ich es. Hauptsache, alles klappt.

Deine Miriam

Lieber Weihnachtsmann,
mein Papa hat so eine laute Brüllstimme. Schenke ihm bitte eine leisere, damit er Mama und mich nicht immer erschreckt. Oder montier ihm irgendwohin einen unauffälligen Knopf, mit dem wir ihn leiser stellen können. Das war mein erster Wunsch. Ich habe auch noch einen zweiten, der ist einfacher. Meine Mama kocht immer das gleiche. Oder vielleicht schmeckt es auch immer nur gleich. Schenk ihr bitte ein Kochbuch mit ganz vielen verschiedenen Essen. Und jedes soll einen eigenen Geschmack haben. Wahrscheinlich glaubst du mir das mit dem gleichen Geschmack nicht, lieber Weihnachtsmann, dann komm zu uns. Du darfst eine Woche die Hälfte von meinem Mittagessen haben. Danach glaubst Du es mir garantiert. Es kann natürlich sein, daß Du alle Kochbücher verschenkt hast. Dann wünsche ich mir ein Faß Spaghetti mit Fleischsauce. So viel muß im Faß sein, daß ich ein Jahr lang jeden Tag spaghettisatt werde. Wenn es schon immer gleich schmeckt, soll es wenigstens mein Lieblingsessen sein.

Dein Jochen

Lieber Weihnachtsmann,
schenke mir bitte irgendwas, damit ich abends keine Angst mehr vor dem Einschlafen habe. Sehr gut wären dafür Eltern, die sich ans Bett setzen und vorlesen. Meine tun das leider nie. Das finde ich ziemlich doof. Aber wenn Dir ein anderes Geschenk gegen Angst einfällt, ist mir das auch recht. Außerdem wünsche ich mir, daß sich meine Eltern weniger zanken. Das ist eigentlich sogar mein Hauptwunsch. Schaffst Du das?

Deine Julia

Lieber Weihnachtsmann,
ich habe einen Doppelwunsch. Hoffentlich ist das nicht zuviel. Ändere bitte meine Mama, damit sie nicht immer nörgelt, wenn es bei mir im Zimmer unaufgeräumt aussieht. Also nicht vergessen: Mama entnörgeln. Dann wünsche ich mir einen Lehrer, der als Schüler selber öfter mal was falsch gemacht hat. So ein Lehrer weiß genau, wie man sich dabei fühlt. Und der hilft einem bestimmt. Solltest Du meine Wünsche nicht erfüllen können, schenke mir bitte eine Tarnkappe. Die setze ich dann immer auf, wenn in der Schule oder zu Hause was nicht klappt.

Dein Thomas

IRINA KORSCHUNOW

Steffi feiert Weihnachten

Steffi ist mit der Mutter im Kaufhaus. Die Mutter sucht neue Gardinen aus. Steffi hält Muckel Schlappohr im Arm und langweilt sich.

Auf einmal sieht sie ein Schaukelpferd. Es steht in der Spielwarenabteilung. Es ist rot. Es hat eine schwarze Mähne und einen violetten Sattel. Steffi geht zu dem Schaukelpferd hin. »Guten Tag, rotes Pferd«, sagt sie. »Muckel Schlappohr und ich wollen reiten.« Sie setzt sich auf den Sattel und schaukelt. »Wir reiten zu meiner Oma«, sagt Steffi. »Bei meiner Oma gibt es Streuselkuchen.«

Da kommt die Mutter. »Ich bin fertig, Steffi«, sagt sie. »Wir müssen weiter.«

»Ich will noch hierbleiben«, sagt Steffi.

»Ich kann aber nicht mehr warten«, sagt die Mutter. »Wir müssen ein Hemd für Papa kaufen und für dich eine Mütze.«

»Muckel Schlappohr und ich reiten noch ein bißchen«, sagt Steffi.

»Nun komm doch«, sagt die Mutter. Aber Steffi hört nicht mehr hin. »Na schön«, sagt die Mutter. »Auf Wiedersehen.« Sie dreht sich um und geht. Sie geht zur Treppe. Sie geht immer weiter.

Da klettert Steffi schnell von dem Schaukelpferd herunter. »Auf Wiedersehen, rotes Pferd«, sagt sie. »Ich besuche dich bald mal.« Steffi nimmt Muckel Schlappohr und läuft hinter der Mutter her.

Steffi wünscht sich zu Weihnachten das rote Schaukelpferd aus dem Kaufhaus.

»Male es doch auf deinen Wunschzettel«, sagt die Mutter.

Steffi nimmt ein Blatt Papier und malt ein großes rotes Pferd mit einer schwarzen Mähne. »Jetzt bekomme ich das rote Pferd zu Weihnachten«, sagt sie zu Muckel Schlappohr. Muckel Schlappohr nickt, und Steffi freut sich auf Weihnachten.

Am Tag vor dem Heiligen Abend gehen die Mutter und Steffi noch einmal ins Kaufhaus. Da sieht Steffi das rote Pferd. Es steht an dem gleichen Platz wie früher. Auf seinem Rücken schaukelt ein fremdes Kind.

»Das ist mein Pferd!« ruft Steffi. Sie will das Kind wegschubsen.

Doch die Mutter hält Steffi fest. »Das ist nicht dein Pferd, Steffi«, sagt sie.

»Ich habe es doch auf meinen Wunschzettel gemalt!« ruft Steffi.

»Aber du hast es noch nicht bekommen«, sagt die Mutter. »Es steht hier im Kaufhaus, und das Kind darf darauf reiten.«

Steffi ist traurig. Sie freut sich nicht mehr auf Weihnachten. Sie denkt nur an das Pferd und an das fremde Kind.

Am Heiligen Abend klingelt der Vater mit dem Weihnachtsglöckchen. Bimmelim, macht es. Bimmelim. Steffi geht in das Wohnzimmer. Dort brennen die Kerzen am Weihnachtsbaum. Es glitzert und glänzt und flimmert und leuchtet. Und neben dem Baum steht etwas! Es ist rot. Es hat eine schwarze Mähne. Es ist ... Es ist das rote Schaukelpferd!

»Das gehört dir, Steffi«, sagt der Vater.

Da läuft Steffi zu dem Schaukelpferd hin. »Guten Tag, rotes Pferd«, sagt sie. »Jetzt bleibst du bei mir.«

PAUL MAAR

Weihnachtsüberraschungen

Wenn ich versuche zurückzudenken, dann gibt es nicht viele Weihnachtsabende, an die ich mich noch genau erinnern kann. Die Erinnerungen verwischen und vermischen sich mit der Zeit, weil sie sich zu sehr ähneln. Der Ablauf des Weihnachtsabends blieb immer gleich, das einzige, was wechselte, waren die Weihnachtsgeschenke.

Ein paar Weihnachtsfeste blieben mir allerdings in Erinnerung. Das waren die besonders traurigen (während der Kriegszeit, wenn wir mit meiner weinenden Mutter etwas betreten neben dem Christbaum saßen) oder die besonders lustigen.

Aber das aufregendste Weihnachtsfest war zweifellos das, als Vater den Christbaum aus dem Fenster warf.

Die ganze Verwirrung damals kam wahrscheinlich zustande, weil sich meine große Schwester eine Weihnachtsüberraschung ausgedacht hatte, von der zwar ich etwas wußte, nicht aber der Rest der Familie. Und weil sich mein Vater gleichzeitig eine Weihnachtsüberraschung hatte einfallen lassen, von der der Rest der Familie wußte, nicht aber meine große Schwester und ich.

Unsere Weihnachtsüberraschung, also die von meiner Schwester und mir, war Joschi.

Vaters Weihnachtsüberraschung war Tante Rosi.

Joschi war ein japanischer Student, den meine Schwester in München auf der Universität kennengelernt hatte. Während des Sommers war er drei Tage bei uns zu Besuch gewesen. Die ganze Familie hatte ihn auf Anhieb gern; obwohl es schwierig war, sich mit ihm zu unterhalten. Er sprach nämlich kaum ein Wort Deutsch. Mit meiner Schwester unterhielt er sich englisch, aber Englisch konnten meine Eltern nicht, und meine

Schwester war es nach ein paar Stunden leid, alles, was sie oder Joschi sagten, zu übersetzen.

Tante Rosi war meine Großtante. Sie kam ab und zu bei uns vorbei, und ich empfing sie jedesmal mit gemischten Gefühlen. Auf die Tante freute ich mich schon, denn sie war nett und wußte, daß eine Großtante ihrem Großneffen immer etwas mitzubringen hatte. Leider brachte sie auch immer Mucki mit. Das war ihr Hund, ein dicker, überfütterter Pudel, der Kinder nicht leiden konnte, jedesmal knurrte, wenn ich in seine Nähe kam und mich mehr als einmal fast gebissen hätte. Sie mußte Mucki überall mit hinnehmen, weil sie allein lebte und niemand sonst auf Mucki aufgepaßt hätte.

Der Weihnachts-Überraschungs-Plan meiner Schwester sah so aus: Sie war am Nachmittag aus München zurückgekommen, hatte Joschi heimlich mitgebracht, und es war ihr sogar gelungen, ihn unbemerkt in mein Zimmer zu schmuggeln. Da war er vor Entdeckung sicher, denn die Eltern durften am Weihnachtsnachmittag die Kinderzimmer nicht betreten, so war es abgemacht, weil dort die Geschenke für sie versteckt waren.

Joschi sollte sich aus meinem Zimmer schleichen und vor der Tür warten, nachdem wir uns alle im Weihnachtszimmer versammelt hatten. Und wenn wir – wie jedes Jahr – anfingen, »Stille Nacht« zu singen, sollte er die Tür aufmachen und plötzlich im Weihnachtszimmer stehen.

Meine große Schwester hatte mir einen Indianerkopfschmuck versprochen, wenn ich niemandem etwas von dieser Überraschung erzählte. Sie wußte, daß auf meiner Wunschliste an erster Stelle stand: ein Zauberkasten und ein Indianerkopfschmuck aus Federn.

Was wir beide nicht wußten: Fast gleichzeitig mit Joschi war Tante Rosi mit Mucki gekommen. Wir hatten sie nicht gehört, weil wir so mit Joschi beschäftigt waren.

Der Weihnachts-Überraschungs-Plan meines Vaters sah so aus: Er hatte Tante Rosi gleich ins Weihnachtszimmer geschmuggelt. Dort lagen schon die Geschenke für mich: eine Zauberausrüstung mit Hut, Zauberstab und rotem Umhang und eine Indianerfederkrone, die meine Mutter selbst gemacht hatte. Kurz bevor ich ins Weihnachtszimmer kam, sollte Tante Rosi die Federkrone aufsetzen und sich hinter dem zugezogenen Fenstervorhang verstecken. Meinem Vater war klar, daß ich meine Zaubersachen gleich ausprobieren würde, vielleicht sogar ein bißchen enttäuscht darüber, daß der Indianer-kopfschmuck, den ich mir so gewünscht hatte, doch nicht auf dem Gabentisch lag. Aber nach meinem ersten Zauberspruch würde sich der Vorhang teilen und Tante Rosi erscheinen, als Indianer mit meiner Federkrone.

Endlich war es draußen dunkel geworden, meine Mutter rief nach uns, die Tür zum Weihnachtszimmer wurde geöffnet. Die Kerzen am Christbaum brannten und spiegelten sich in den versilberten Christbaumkugeln. Es roch weihnachtlich.

Zu meiner Überraschung bestanden meine Eltern nicht darauf, daß erst einmal Weihnachtslieder gesungen werden müßten, wir durften uns gleich die Geschenke ansehen.

Ich entdeckte sofort die Zaubersachen und stürzte mich darauf.

»Gefallen sie dir?« fragte meine Mutter.

»Ganz toll!« rief ich und setzte gleich den spitzen Zauberhut auf, um zu sehen, ob er mir paßte.

»Sicher willst du den Zauberstab gleich ausprobieren!« sagte mein Vater.

»Nein, erst muß ich den Zaubermantel anziehen«, antwortete ich und versuchte, mir den Zauberumhang umzulegen. Ich kam mit dem Verschluß nicht zurecht.

Mein Vater stand ungeduldig daneben.

»Ich werde gleich was verschwinden lassen«, sagte ich.

»Verschwinden lassen ist nicht gut«, sagte mein Vater. »Zauberer zaubern etwas her. Am besten etwas Großes, etwas Lebendiges. Keinen Gegenstand!«

»Vielleicht einen Elefanten?«

»Der ist zu groß, der paßt ja nicht ins Zimmer! Es muß ein Mensch sein!«

»Ein Mensch? Also gut! Ein fremder Mensch?«

Ich dachte an den armen Joschi, der ja immer noch vor der Tür stand, da wir bis jetzt noch keine Weihnachtslieder gesungen hatten.

»Einen Japaner«, rief ich. »Ich werde einen Japaner herzaubern!«

»Japaner!« wiederholte mein Vater ärgerlich. »Fällt dir nichts Besseres ein? Du hast doch den Lederstrumpf gelesen. Na? Jemand aus einem anderen Volk, von ganz weit her!«

»Du hast wohl etwas gegen Japaner!« rief meine Schwester empört und wurde ganz aufgeregt.

»Nein, natürlich nicht, das weißt du doch. Aber es dauert wirklich ewig, bis er sich den Indianer herwünscht!«

»Woher soll ich denn wissen, daß es ein Indianer sein soll!« sagte ich beleidigt und war nahe daran, in Tränen auszubrechen. Ich verstand meinen Vater nicht. Es war doch klar, daß das Ganze ein Spiel war.

Meine Mutter sagte vorwurfsvoll: »Ihr werdet doch am Heiligen Abend keinen Streit anfangen wollen!«

»Du hast recht«, sagte meine große Schwester. »Wir sollten endlich anfangen zu singen.«

»Nein, noch nicht«, sagte mein Vater aufgebracht. »Du singst doch sonst nie gerne Weihnachtslieder. Warum denn ausgerechnet jetzt, wo sich dein Bruder einen Indianer herwünschen will!«

»Also gut«, sagte ich. »Zaubere ich einen.«

»Aber von wo soll er kommen?« fragte mein Vater.

»Schau dich mal um, am besten wäre es wie über eine Bühne.« Dabei stellte er sich neben den Fenstervorhang.

»Nein, von der Tür«, sagte ich. Denn ich dachte an Joschi, der immer noch draußen stand.

»Nicht durch die Tür!« Mein Vater wurde ärgerlich. »Er muß durchs Fenster kommen.«

»Nein, durch die Tür«, beharrte ich.

»Durchs Fenster!«

»Jetzt laß doch den Paul wünschen«, sagte meine Schwester mit Nachdruck. »Schließlich ist es doch *sein* Zauberstab.«

Ich merkte, daß mein Vater schon wieder nah dran war, aufzubrausen. Er bekam schon einen ganz roten Kopf, deswegen sagte ich schnell: »Na schön, soll der Japaner durchs Fenster kommen.«

»Der Indianer, der Indianer!« verbesserte mein Vater.

Ich nahm meinen Zauberstab in die rechte Hand und zog einen weiten Zauberkreis über den Vorhang. Ehe ich aber dreimal »Abrakadabra« sagen konnte, stürzte mit lautem Bellen Mucki auf mich zu und biß sich in meinem roten Zaubermantel fest. Einen Augenblick später erschien Tante Rosi im Indianerkopfschmuck zwischen den Vorhanghälften, schrie »Mucki, brav! Mucki, hierher!«, packte Mucki am Halsband und zog so stark sie nur konnte. Mucki ließ meinen Zaubermantel aus den Zähnen, Tante Rosi stolperte rückwärts gegen den Christbaum, der Baum kippte und fiel um. Im Nu fingen die Zweige an zu brennen. Tante Rosi schrie »Feuer!« und rannte zur Tür, meine Mutter rief »Wasser! Schnell!« und lief ihr nach. Tante Rosi erreichte die Tür als erste, riß sie auf, schrie »Huh!« oder »Huch!« oder so etwas Ähnliches und blieb wie versteinert stehen. Etwas verlegen kam Joschi ins Zimmer, lächelte erst und schaute dann erschrocken auf den brennenden Christbaum. Meine Mutter sagte entgeistert: »Der Joschi!!!« und blieb ebenfalls stehen. Nur mein Vater sagte überhaupt nichts, rannte zum Fenster, riß es auf, packte den brennenden Christbaum und warf ihn mit allen Christbaumkugeln, Strohsternen und vergoldeten Nüssen hinaus in den Schnee.

Später saßen wir dann alle um den Tisch und aßen den Weihnachtssalat aus Kartoffeln, Nüssen und Äpfeln, den es jedes Jahr gab. Joschi strahlte, meine Schwester lachte pausenlos, und mein Vater sagte: »Ich glaube, diesen Weihnachtstag werden wir nicht so schnell vergessen!«

Und damit hat er recht gehabt. Wenn ich mal nach Japan komme, kann ich ja meine Schwester fragen, ob sie sich auch noch daran erinnert.

GABI GAULL

Weihnachtszaubereien

Es war kurz vor Weihnachten. Die Hexe Esmeralda und Rumpelpumpel, das Gespenst, saßen gelangweilt im großen Eßsaal des Schlosses und blickten durch die großen Fenster den Schneeflocken zu, die zu Boden wirbelten.

Die beiden waren zusammen genau 301 Jahre alt. Die Hexe Esmeralda zählte 140 Jahre und das Gespenst 161 Jahre. Das ist noch gar kein Alter für Gespenster und Hexen, die werden ja erst mit etwa 500 Jahren richtig erwachsen. Und weil sie noch nicht so richtig erwachsen waren, gab es auch etwas, was der Hexe Schwierigkeiten bereitete, sie brachte nämlich immer wieder die Zaubersprüche durcheinander.

»Mir ist langweilig«, stöhnte das Gespenst.

»Mir auch!« gähnte die Hexe.

»Bald ist Weihnachten, und wir sitzen wieder zu Hause wie letztes Jahr«, jammerte Rumpelpumpel. Beide schwiegen nachdenklich. Plötzlich sprang das Gespenst auf, so heftig, daß die Ritterrüstung hinter ihm gefährlich zu wackeln begann.

»Mir ist etwas eingefallen!«

»Was ist dir eingefallen?« fragte Esmeralda mißtrauisch.

»Es gibt doch Waisenkinder, die Weihnachten bei einer Familie verbringen«, fuhr das Gespenst aufgeregt fort.

»Ja, das wäre schön, Weihnachten bei einer richtigen Familie ..., aber: Wir sind keine Waisenkinder, Schlußpunkt!« Schlußpunkt war einer von Hexe Esmeraldas Lieblingsausdrücken.

»Aber du kannst doch hexen, verhex uns doch einfach in Waisenkinder.«

Die Hexe runzelte die Stirn und blickte nachdenklich zu Boden. »Gar keine schlechte Idee ... Warte, ich bin gleich wieder da!« Sie huschte weg und schleppte gleich darauf ihre Kristallkugel herbei.

»Laß uns mal hineingucken – Hutziplotz!« Farben wirbelten in der Kristallkugel und formten sich zu einem Raum.

»Wir gucken uns jetzt verschiedene Familien an, die Waisenkinder über Weihnachten zu sich nehmen, und wählen uns eine aus«, erklärte die Hexe. Eine Familie war in der Kristallkugel zu sehen.

»Die gefällt mir nicht, der Vater blickt so grimmig drein«, murrte Rumpelpumpel.

»Mir auch nicht«, lachte die Hexe und murmelte: »Plutzidipoldi!«

Ein Hühnerstall erschien in der Kugel.

»Ach, ich habe den Spruch verwechselt – Hutziplotz!«

Die beiden besahen sich eine Familie nach der anderen; zwischendurch verwechselte die Hexe wieder die Sprüche, und das Gespenst rief dann jeweils aufgeregt: »Nein, nein, keinen Wasserfall« – oder: »Ich will Weihnachten bei einer Menschenfamilie verbringen und nicht bei einer Bärenfamilie.«

Draußen begann es langsam dunkel zu werden, und bei genau der 27. Familie rief das Gespenst: »Da, halt, da, da will ich hin.«

»Einverstanden, da gehen wir hin, Schlußpunkt! – Komm,

laß uns aufbrechen, bevor es stockfinster ist!« befahl Esmeralda.

»Aber, aber, was erzählen wir der Familie, vielleicht erwarten die uns gar nicht«, zögerte das Gespenst.

»Das überlaß ruhig mir, komm jetzt!« drängte die Hexe. Sie eilten aus dem Schloß.

»Halt, ich habe meinen Besen vergessen!« Die Hexe eilte zurück und kam gleich darauf mit dem Besen unter dem Arm wieder.

»Setz dich hinten auf den Besen und halt dich gut an mir fest, dann geht es schneller, als wenn du nebenherfliegst.«

»Aber ich ...«

»Nun komm schon, ich verspreche dir, vorsichtig zu fliegen.«

Mit klapprigen Zähnen setzte sich Rumpelpumpel hinter die Hexe.

»Krall dich nicht so fest um meinen Hals, ich bekomme ja fast keine Luft mehr.«

»Aber, aber, wenn ich runterfalle ...«

»Du kannst ja fliegen, Schlußpunkt!«

Dem Gespenst war ganz und gar nicht wohl in seiner Haut.

»Hipsigipsi!« rief die Hexe voller Vorfreude. Der Besen wirbelte durch die Luft, schlug einige Purzelbäume und landete wie ein Bumerang an derselben Stelle.

»Au!« schrie das Gespenst. »Paß doch auf!«

»Tschuldigung, habe wieder den Spruch durcheinandergebracht«, murmelte die Hexe. »Siphisis!« Sie flogen durch die Luft und landeten schließlich in einem kleinen Garten.

»Wir sind da«, rief Esmeralda freudig.

»Hoffentlich hat uns niemand landen gesehen – und was nun?«

»Klabidipauk!« rief die Hexe.

»Grunz, grunz«, schrie das Gespenst entsetzt, »du siehst aus wie ein Nilpferd.«

»Hahaha, du auch!« lachte die Hexe und meinte plötzlich erschrocken: »Ich habe den Zauberspruch durcheinandergebracht. – Binlabidaub!« Und das Gespenst und die Hexe verwandelten sich in einen Jungen und ein Mädchen.

»Hihi, du bist viel hübscher so als als Hexe«, kicherte Rumpelpumpel.

»Red keinen Quatsch, komm jetzt!« befahl die Hexe.

»Sausidibraus!« rief sie ihrem Besen zu, damit er ins Schloß zurückfliege, aber der Besen begann fröhlich zu tanzen und zu pfeifen.

»Ach, brausidisaus!« korrigierte sich die Hexe, und der Besen sauste durch die Lüfte. Die beiden schlichen ums hellerleuchtete Haus, und die Hexe klingelte an der Eingangstür. Die Tür öffnete sich gleich darauf.

»Nanu, wer seid ihr beiden denn?« fragte ein großer Mann mit einer Pfeife im Mund freundlich.

»Wir kommen vom Waisenhaus Waldruh, wir heißen Elisabeth und Julien.«

»So, so, vom Waisenhaus. Seltsam, das Waisenhaus hat seit unserer Anfrage nach einem Kind, das wir über Weihnachten aufnehmen wollten, nichts mehr von sich hören lassen. Und nun kommen gleich zwei Kinder. Aber kommt rein, es ist ja schon dunkel, und ihr fürchtet euch bestimmt …«

»Nein, eine Hex … Au, warum stößt du mich?« jammerte das Gespenst, schwieg jedoch sofort, als es den vorwurfsvollen Blick von der Hexe, äh, ich meine, von Elisabeth auffing.

»Aber habt ihr denn kein Gepäck?« wunderte sich Herr Blau – so hieß die Familie.

»Gepäck«, stammelte die Hexe, »ach so, natürlich, das haben wir auf der Straße vergessen, komm mit Julien!«

Flugs rannten sie auf die Straße.

»Das hast du nun davon!« schimpfte Julien.

»Ich zaubere zwei Koffer herbei, Schlußpunkt! – Gepäckiprack Ruckpau!«

Ein Kühlschrank stand auf der Straße.

»Ach, ich habe wohl wieder den Spruch verwechselt. – Päckdidrack Rauruck!«

Ein Krokodil schnappte hungrig nach Julien.

»Mach schnell«, schrie Julien, »zaubere das Brokodil, das Krobokodil weg!«

Vor lauter Aufregung brachte er jetzt auch noch die Buchstaben durcheinander. »Drackdipäck, ruckpau!«

Zwei Koffer standen neben Julien und Elisabeth.

»Uff, das war in allerletzter Minute. Fast hätte mich das Krokodil gefressen.«

Die Mutter war ebenso nett wie der Vater, und das kleine Mädchen Yvonne freute sich riesig, zwei neue Freunde in den Weihnachtsferien bei sich zu haben. Zwei Betten wurden in Yvonnes Zimmer gestellt, und die drei verstanden sich wunderbar, redeten und spielten bis in die Nacht hinein und schliefen am Morgen lange. Die Tage vergingen wie im Fluge, und niemand hätte bemerkt, daß Elisabeth und Julien in Wirklichkeit eine Hexe und ein Gespenst waren, wenn nicht ...

Es war am Weihnachtsmorgen. Die Kinder durften mithelfen, den Weihnachtsbaum zu schmücken. Da klingelte das Telefon. Vater runzelte besorgt die Stirn: »Deiner Oma geht es nicht gut, Yvonne. Mutter und ich fahren zu ihr; wir sind am Nachmittag wieder da und bringen Oma mit.«

Die beiden fuhren sofort los.

»Oh«, dachte Elisabeth laut, weil sie völlig vergessen hatte, daß Yvonne hinter ihr im Wohnzimmer spielte, »ich kann der Großmutter bestimmt helfen. – Mublibadlipauk!« Die Kristallkugel schwebte in den Raum und ließ sich auf dem Eßzimmertisch nieder. Yvonne erschrak furchtbar: »Kannst du, kannst du zaubern?« fragte sie ängstlich.

»Natürlich kann Elisabeth zaubern, sie ist ja auch eine Hexe und heißt in Wirklichkeit Esmeralda und gar nicht Elisabeth«, erklärte Julien stolz.

Elisabeth warf Julien einen bösen Blick zu.

»Na gut, jetzt weißt du es, Yvonne«, stöhnte die Hexe, »warum war ich bloß so unvorsichtig?«

»Wirklich«, staunte Yvonne, »du bist eine Hexe und kannst zaubern, was du willst?«

Esmeralda erzählte ihr die ganze Geschichte von Anfang an, und Julien vervollständigte sie unter Kirchern mit den kleinen Mißgeschicken der Hexe. Yvonne staunte immer mehr, aber plötzlich wurde sie sehr traurig.

»Meine Oma ist schwer krank. Kannst du ihr denn nicht helfen?«

»Selbstverständlich, kommt, wir gucken in die Kristallkugel, dann können wir die Oma sehen«, meinte die Hexe.

»Kraklidibaklibauk!«

Die Kristallkugel verfärbte sich grün, es gab einen Knall – und die Oma saß plötzlich im Lehnstuhl neben dem Kamin. Sie war blaß, hatte die Augen geschlossen und stöhnte.

»Eigentlich wollte ich sie ja gar nicht herbeizaubern«, sagte sich die Hexe insgeheim.

»Oh, die Arme«, flüsterte Yvonne.

»Wart's ab, gleich geht es ihr besser!«

Die Hexe runzelte die Stirn: »Hopsipakadik!«

Eine weiße Maus lief aufgeregt auf dem Kissen des Lehnstuhls hin und her. Yvonne riß die Augen weit auf: »Ist das meine Oma?«

»Ach, pakidopikauk!«

Der Lehnstuhl war leer, aber da quietschte die weiße Maus aus der Lampe an der Zimmerdecke.

»Ach, ach, ich verwechsle manchmal den Zauberspruch – aber, das haben wir gleich – Kaudopipak!«

Die quietschende Maus war weg.

Yvonne begann zu schluchzen: »Was hast du mit meiner Oma gemacht?«

»Schlußpunkt, das haben wir gleich – Kraklidipoldipauk!«

Es gab einen Riesenkrach, und eine alte Stimme rief weinerlich: »Zu Hilfe, zu Hilfe!«

Oma saß nämlich auf der Christbaumspitze.

»Nun konzentriere dich endlich«, fauchte das Gespenst, »sonst fällt sie noch runter und bricht sich einen Arm oder einen Fuß oder beide Arme und beide Füße. Ich darf gar nicht dran denken.«

Esmeralda schloß die Augen.

»Maklipucklipack!«

Sie öffnete die Augen: Oma saß nicht mehr auf der Christbaumspitze. Die Hexe seufzte erleichtert auf, erstarrte aber im gleichen Moment vor Schreck, als sie eine Schildkröte auf dem Boden herumkriechen sah.

»Das ist nicht meine Oma«, heulte Yvonne nun laut, »was denken wohl meine Eltern, wenn sie bei Oma ankommen und sie nicht mehr da ist.«

Die kleine Hexe wurde immer verwirrter, und je verwirrter sie wurde, um so mehr brachte sie die Formeln durcheinander. Sie verwandelte Oma in Dutzende von Sachen; am schlimmsten war es, als sie Oma in einen tannenfressenden Dinosaurier verwandelt hatte; der fraß nämlich den ganzen Weihnachtsbaum mitsamt dem Schmuck auf. Yvonne weinte immer kläglicher: »Oma ist nicht mehr da, und der Weihnachtsbaum auch nicht. Was für ein trauriges Weihnachtsfest!«

Endlich, endlich saß Oma wieder im Lehnstuhl, und da fiel Esmeralda der richtige Spruch ein: »Geplipackeldi Gesundheit!«

Omas Wangen röteten sich, und als sie die Augen aufschlug, murmelte die Hexe rasch: »Flutschidiwutschi!«

Und Oma war weg.

Das Gespenst fragte mißtrauisch: »Ist sie nun wieder zu Hause, oder ist sie auf dem Mond?«

»Sei bloß nicht frech! Oma ist zu Hause, Schlußpunkt!«

Sie murmelte einen Spruch, und in der Kristallkugel konnten die drei sehen, daß Oma tatsächlich zu Hause in ihrem Bett lag und gerade in diesem Augenblick die Eltern das Zimmer betraten.

»Uff, das war wirklich in letzter Minute«, stöhnte das Gespenst.

»Wenn du an meiner Hexenkunst zweifelst, dann verwandle ich dich auf der Stelle wieder in ein Nashorn«, drohte die Hexe ärgerlich, »Flaxi ...«

»Nein, nein«, riefen Yvonne und Rumpelpumpel beinahe gleichzeitig aus, »wir glauben beide, daß du die beste Hexe auf der ganzen Welt bist.«

Und das war sie auch. Sie zauberte einen neuen Weihnachtsbaum herbei, der dem alten auf die Nadel glich, und nach einigen Mißgeschicken auch viele viele Geschenke. Es wurde ein wunderschönes Weihnachtsfest. Yvonne bewahrte das Geheimnis für sich, und die beiden versprachen, irgendwann wiederzukommen.

Und wenn es der Hexe und dem Gespenst auf dem Schloß langweilig wurde, dann redeten sie über die Weihnachtsgeschichte und konnten darüber herzlich lachen.

SONJA MATTHES

Das Geschenk
Ein Weihnachtsrätsel

Ein alter Mann wohnte am See. Ein anderer alter Mann wohnte am Waldrand. Im Herbst wurde der Mann am See schwer krank. Da kam der Mann vom Wald, besuchte ihn und brachte ihm ein kostbares Geschenk.

Der Mann am See freute sich darüber. Bald wurde er wieder gesund. Zur Weihnachtszeit traf's den Mann am Waldrand. Krank lag er in seiner Hütte. Jetzt war es umgekehrt. Wenn auch langsamen Schrittes, so kam doch jeden Tag der Mann vom See zum Waldrand herauf und besuchte den alten kranken Mann. Täglich brachte er ein Geschenk mit. Jeden Tag kam er mit dem gleichen Geschenk. Und es war genau dasselbe, das sein Freund ihm im Herbst gegeben hatte.

Schließlich konnte auch der Mann am Waldrand das Bett wieder verlassen. Die beiden Männer gingen hinaus, wanderten geruhsam ein Stück Wegs durch den Wald oder am Ufer des Sees. Beide empfanden tiefe Freude über das Geschenk.

Was war's, was sie sich gegenseitig brachten? Sie hatten es in keinem Geschäft gekauft. Man kann es gar nicht kaufen. Es wird auch nicht eingehüllt in buntes Seidenpapier. Die beiden Männer trugen es nicht bei sich, wenn sie sich besuchten, sondern in sich. So konnten sie es nicht verlieren. Es war ein so großes Geschenk, das kein Stück Papier der Welt ausgereicht hätte, es darin einzuschlagen.

Was war's?

MARIELUISE BERNHARD-VON LUTTITZ

Der allergrößte Wunsch – oder: Das eigene Kind

Es war einmal ein kleines Mädchen – Kerstin hieß es –, das hatte so ziemlich alles, was sich ein Kind nur wünschen kann: eine liebe Mutter und einen lieben Vater, liebe Großeltern und noch eine extra Großmutter, die Kerstin besonders gern hatte. Dazu Onkel und Tanten, jede Menge, die auch noch immer Geschenke mitbrachten.

Kerstin hatte ein eigenes Zimmer und Spielzeug, zwei Wände hoch. Und um das Haus, das die Eltern bewohnten, war ein richtiger Garten angelegt. Und in dem Garten gab es – neben Bäumen und Blumen – eine Schaukel, einen Sandkasten und Turngeräte. Im Sommer stellten die Eltern noch ein Planschbecken auf. Kerstin ging in den Kindergarten, wo sie eine Menge Freunde und Freundinnen hatte. Die durfte sie auch zum Spielen nach Hause einladen. Welchem Kind ging es so gut? Das fanden alle. Nur Kerstin selber fand es nicht.

Als Weihnachten nahte und die Flocken schon fielen, vertraute sie sich der Großmutter an. Die, neben der es keinen Großvater mehr gab; der war leider schon tot. Dafür wohnte sie ganz in der Nähe und kam oft zu Besuch.

»Omi«, sagte Kerstin, »weißt du was? Ich habe einen riesigen Wunsch, der aber, glaube ich, nie nie in Erfüllung geht?«

»So«, sagte die Großmutter, »na dann schieß mal los!« Sie nähte gerade Knöpfe an Kerstins Mantel fest.

»Ein Kind«, sagte Kerstin. »Ich wünsche mir ein richtiges, echtes, lebendiges Kind, das nur mir gehört. Wenn ich das kriege, dann will ich überhaupt nichts anderes mehr. Keinen Kaufmannsladen, in dem ich stehen kann. Kein Kasperletheater. Keine Süßigkeiten. Nichts. Bloß das Kind!«

»Hm«, machte die Großmutter jetzt. Sie hatte den Mantel

beiseite gelegt und strich Kerstin über den Kopf. »Das wirst du auch bekommen, eines Tags. Wenn du groß bist und einen lieben Mann gefunden hast, der der Vater ist. Kinder bekommen ja noch keine Kinder. Das weißt du doch!«

»Ja! Weiß ich leider.« Kerstin gab einen tiefen Seufzer von sich.

»Aber *einmal* könnte das Christkind doch eine Ausnahme machen. Nur für mich und zu Weihnachten. Ich ziehe es ja auch ganz allein groß. Da hat überhaupt niemand Arbeit davon. Auch die Mami nicht, wenn sie das denkt. Du auch nicht, Omi!«

Die Großmutter dachte nach. Dann sagte sie: »Ich glaube, dir fehlt ein Geschwisterchen, Liebling. Ein kleiner Bruder oder ein Schwesterchen. Ist es das?«

Kerstin zuckte die Schultern. »Früher wollte ich das mal. Als ich selbst noch klein war. Aber jetzt nicht mehr, weil doch keins kommt. Die Mami sitzt ja immer nur im Büro. Und dann sagt sie, sie hätte ja mich, und ich lange ihr, und dem Papi auch. Aber Omi, ich selbst lange mir *nicht*!«

»Obwohl du doch so viele Freunde hast?«

»Aber die gehören doch nicht echt zu mir!« Kerstin stieg jetzt von ihrem Schaukelpferd, auf dem sie die ganze Zeit geschaukelt hatte. »Die müssen doch alle wieder nach Hause zu ihren eigenen Eltern und Geschwistern dann. Und deshalb will ich ein Kind für mich!«

Die Großmutter sagte jetzt nichts. Aber Kerstin war in Fahrt.

»Aber kein großes, das schon fertig ist. Ein kleines will ich. Richtig von Anfang an, wie kleine Babys immer sind. Daß es sich auch an mich gewöhnt!«

Der Mantel hing jetzt im Schrank, und die Großmutter zündete das erste Licht am Adventskranz an – wie jeden Abend um diese Zeit. Es war schon ziemlich heruntergebrannt.

»Mein Schatz«, sagte sie. »Wenn ich du wäre, ich würde doch lieber beim Kaufmannsladen bleiben. Oder auf ein Geschwisterchen hoffen. Du hast ja selbst gesagt, daß du nicht glaubst, daß so ein Wunsch in Erfüllung geht, wie du ihn hast!«

»Aber ich wünsche ihn mir trotzdem«, sagte Kerstin. »Wenigstens wünschen, das kann ich doch. Immer gleich abends mit meinem Gebet!«

Dagegen war nichts zu sagen.

Und dann war Weihnachten auch schon da. Großmutter und Enkelin waren aus der Christmette gekommen. »Erst dauert es immer so ewig«, stellte Kerstin fest. »Und auf einmal ist es so plötzlich, findest du nicht, Omi?«

Beide waren pudelnaß vom Schnee. Sie schüttelten sich. Die Mutter wartete bereits mit rotfarbenem heißen Tee, und es gab das erste Stück Stollen dazu. Das hielt sie so. Die Mutter sagte: »Alles zur rechten Zeit!« Aber Kerstin knabberte nur daran. Sie sagte: »Weil ich so aufgeregt bin!«

Dann waren die Eltern – hinter verschlossenen Türen – noch ein Weilchen mit geheimnisvollen Dingen beschäftigt. Auch ein seltsames Flüstern war zu vernehmen.

Kerstin kniff die Großmutter in den Arm. Sie lief knallrot an: »Das Christkind, Omi! Hast du's gehört? So singflüstert meine Mami sonst nie. Mein Papi auch nicht. Also ...?«

Kerstin hob wissend und lächelnd die Schultern.

Jetzt warteten Kerstin und die Großmutter Hand in Hand, beide im Festtagsgewand. Sie warteten, daß das Glöckchen zur Bescherung rief.

»Wenn ich mein Kind kriege«, sagte Kerstin, »gucke ich überhaupt nirgendwoandershin. Nur auf mein Kind!«

Aber als Vater und Mutter die Tür öffneten, starrte sie doch auf den Lichterbaum, der jedes Jahr wieder ein Wunder war. Und sie hing den Eltern am Hals, als sich alle ein recht gesegnetes Weihnachtsfest wünschten. Kerstin den Großen natürlich auch.

Aber dann schrie sie auf. Denn unter dem tief gefächerten Tannenbaum lag – in Windeln gewickelt – ein *Kind*. (Nicht das in der Krippe. Das gab es auch.) Kerstin rang nach Luft: »Ist *das meins?*«

Mutter und Vater nickten, und Kerstin ließ sich kniend zur Erde nieder. Behutsam nahm sie »ihr Kind« in die Arme, betrachtete es, drückte es, küßte es vorsichtig, wickelte es dann aber auch gleich und zog ihm ein Hemdchen, ein Jäckchen und ein Höschen an. Alles war in einem Wiegekörbchen mitgeliefert. Auch ein Milchfläschchen.

Das reichte Kerstin der Großmutter hin. »Omi? Machst du gleich mal Milch in der Küche warm? Weil ich doch noch so beschäftigt bin?«

Die Großmutter sagte es zu. Aber alle drei Erwachsenen sahen sich an. Vor allem die Mutter hatte gefürchtet, daß die Enttäuschung groß sein werde, wenn Kerstin bemerkte, daß *das Kind* doch nur eine Puppe war. Wenn auch eine ganz prächtige Babypuppe zum Baden, aus badefestem, ganz weichem Material, das sich fast wie menschliche Haut anfühlte.

Kam Kerstins Erwachen also erst noch? Denn eine *Puppe* hatte sie unter keinen Umständen haben wollen. Hier hatte sie sich an den Vater gewandt. »Erstens, Papi, weil ich schon einige hab'! Und zweitens, weil ich auch keine will, die Mama und Papa sagt und trinken kann und Pipi macht, weil das gar nicht stimmt. Weil das bloß eine Maschine ist bei der Puppe im Bauch. Das hat mir die Marion erzählt!« Marion kam am häufigsten zu Kerstin zum Spielen. Was also glaubte sie wirklich?

Bei der festlichen Abendmahlzeit erbat sie sich das Gespräch im Flüsterton. »Weil mein Kind sonst doch aufwacht. Deshalb bloß!«

Als das Füttern mit der Flasche erfolgte, war sie plötzlich halb leer. Kerstin hob sie hoch, damit alle es sehen konnten. »Mein Kind hat tüchtigen Durst gehabt!«

Am kommenden ersten Feiertagsmorgen, als die Großen gern ausgeschlafen hätten, schoß das Wasser ein Viertel nach sechs in die Badewanne. Die junge Mutter entschuldigte sich.

»Tut mir leid, Mami. Aber ich muß mein Kind baden. Es hat so geschrien und sich vollgemacht!«

»Hattest du wenigstens eine ruhige Nacht?« erkundigte die Großmutter sich.

»Einigermaßen«, bekam sie zu hören.

Dann, nach dem Frühstück, gaben sich Kerstins Eltern plötzlich sehr feierlich, fast als finge Weihnachten jetzt erst an.

Die Mutter saß in einem Sessel. Ganz gemütlich saß sie, wo sie sonst immer so beschäftigt war. Kerstin hockte davor und legte ihren Kopf auf den Leib der Mutter. Das tat sie gern, weil er so weich und warm war und kuschelig.

Plötzlich aber lauschte sie ganz erstaunt. »Mami! Bei dir da drin bewegt sich ja was. Was ist denn das?«

Die Antwort erhielt sie vom Vater, der Kerstin auf seine Knie nahm. Er wußte es nämlich schon. »Was sich bei der Mami bewegt«, sagte er, »ist dein kleiner Bruder oder ein Schwesterchen. Es muß nur noch etwas größer werden. Dann kommt es zur Welt. Was sagst du nun?«

Für ein paar Augenblicke sagte Kerstin nichts. Sie biß sich auf die Lippen. Aber plötzlich schluchzte sie auf. »Und das ist nun das echte Kind, nicht? Weil meins ja bloß eine Puppe ist!«

Sie rutschte dem Vater vom Schoß und warf sich der Großmutter in die Arme. »Aber ich habe meins trotzdem lieb. Und ein bißchen bißchen lebendig ist es doch auch, oder etwa nicht?«

Die Großmutter hielt Kerstin ganz fest. Und dann sagte sie: »Alles, was wir liebhaben, bekommt von unserem Leben etwas ab!«

Das war nicht ganz leicht zu verstehen, mit dem Kopf jedenfalls nicht. Kerstin, mit dem Herzen, verstand es doch.

Bald darauf hockte sie neben dem Tannenbaum und sang ihrem Puppenkind »O du fröhliche« vor. Dann sprang sie auf und küßte die Mutter mitten auf den Bauch.

MAX BOLLIGER

Sollte es das Christkind gewesen sein?

Es war einmal eine gute Frau, die sich an Weihnachten eine Ehre daraus machte, arme Kinder zu beschenken. Schon lange vor dem Fest, fing sie an Kuchen zu backen, um sie in der Kirche vor der Krippe zu verteilen.

Als sie mit ihrer Arbeit fertig war, erfüllte ein herrlicher Duft das Haus und drang bis auf die Straße hinaus. In Reih und Glied standen die Kuchen auf einem langen Tisch. Ihr Anblick erfüllte die gute Frau mit Stolz und Freude.

Da klopfte es plötzlich an die Tür.

Vor der Tür stand ein fremdes Kind und schaute sie bittend an.

»Gibst du mir einen Kuchen?« fragt es.

Aber es reute die gute Frau, einen der Kuchen jetzt schon wegzugeben.

»Wo denkst du hin!« sagte sie. »Weihnachten ist erst in einer Woche!«

»Weihnachten ist heute«, sagte das Kind.

Doch die gute Frau dachte an nichts anderes, als das Kind wolle mit List einen ihrer Kuchen ergattern.

Sie wies ihm streng die Tür.

Am Heiligabend packte sie die Kuchen ein.

Aber als sie damit in die Kirche kam, sah sie den Pfarrer und den Küster aufgeregt vor der Krippe stehen.

Sie war leer.

Da erinnerte sich die Frau an das fremde Kind und erschrak.

Sollte es das Christkind gewesen sein?

RENATE SCHUPP

Großmutter, Sofie und Onkel Bär Meier

Sofie und Onkel Bär Meier sitzen in Großmutters Wohnzimmer auf dem Sofa und schauen sich Sofies Weihnachtsgeschichtenbuch an. Es ist ein wunderschönes Buch mit vielen bunten Bildern. Sofie hat es zu Weihnachten bekommen.

Jetzt liest sie Onkel Bär Meier daraus vor. Eigentlich erzählt sie ihm nur, was sie auf den Bildern sieht. Sie kann nämlich noch gar nicht lesen. Aber das macht nichts. Onkel Bär Meier kann ja auch nicht hören. Er ist gar kein richtiger Onkel, sondern ein alter Teddybär mit zerzaustem Pelz und einem einzelnen zerschrammten Glasauge. Damit schaut er auf die Bilder, die Sofie ihm zeigt.

»Also das hier«, erklärt sie ihm, »das is der Stall von Betelehm. Da is der Jesus geboren worden. Siehste, da liegt er in der Futterkiste auf Heu und auf Stroh und lacht und is ganz nackelig. Weil in ganz Betelehm war nämlich kein einziges Zimmer frei, alles besetzt, bloß der Stall nicht. Und da sind sie jetzt. Und da hat die Maria den Jesus in die Futterkiste gelegen gemußt.«

Sofie plapperte drauflos, wie's ihr gerade einfällt. Onkel Bär Meier wackelt mit dem Kopf und hört zu.

»Jetzt ist die Maria mit der Arbeit fertig«, sagt Sofie und sieht einen Augenblick auf, denn Großmutter ist leise ins Zimmer getreten. Sofie deutet mit ihrem dicken kleinen Finger auf das Bild und fährt mit erhobener Stimme fort:

»Die Maria sitzt da und faltet die Hände und is froh. Der Joseph is auch froh. Er stützt sich auf seinen Wanderstock und guckt die Maria an. Und die Maria guckt das Jesuskind an. Und alle lächeln und sind froh.«

Da sagt Großmutter: »Glaubst du wirklich, man lächelt und

ist froh, wenn man kein Zimmer hat und kein Bett und sein Kind auf Heu und Stroh zur Welt bringen muß?«

Sofie stockt. Sie schaut zwischen Großmutter und ihrem Buch hin und her.

»Aber hier lächeln sie und sehen ganz froh aus«, behauptet sie und hält Großmutter das Buch mit dem Bild entgegen. Oh, was für ein schönes, strahlendes Bild es ist! Alles glänzt und funkelt: der Stern über dem Stall und das Stroh in der Krippe und der Lichtschein auf den Gesichtern. Großmutter schüttelt den Kopf und sagt:

»Das hat sich nur der Maler so ausgedacht, als wär's die reinste Glückseligkeit, sein Kind auf Heu und Stroh zur Welt zu bringen. Aber glaub' mir, es ist eine ganz und gar verzweifelte Geschichte. Ich weiß, was ich sage: Ich habe selbst ein Kind auf Heu und Stroh zur Welt bringen müssen. Es war so schrecklich, daß ich's nie im Leben vergessen werde.«

Sofie reißt die Augen auf. Was Großmutter eben gesagt hat, ist so unglaublich, daß ihr vor Schreck das Buch zuklappt.

»Ach ja«, redet Großmutter weiter, »obwohl's doch schon so lange her ist. Ich war eine junge Frau und wohnte weit weg von hier im Osten, in Danzig. Dein Vater war damals noch ein kleiner Junge, kleiner als du heute. Und Onkel Horst war überhaupt noch nicht auf der Welt. Aber unterwegs war er schon. Er sollte Anfang März geboren werden.

Es war eine schlimme Zeit. Seit mehr als fünf Jahren hatten wir Krieg. Nun sah es so aus, als sollten wir ihn bald verlieren. Vom Osten her rückten die russischen Soldaten unaufhaltsam immer näher heran. Nachts konnte man schon das Donnern der Kanonen hören.

Von überall her strömten die Menschen völlig verängstigt aus ihren Dörfern in unsere Stadt und versuchten, von hier aus mit dem Zug oder dem Schiff oder Bussen und Lastwagen in den Westen zu kommen. Alle hatten nur einen Gedanken: fort, fort! Ich hoffte bis zuletzt, es würde ein Wunder geschehen, so daß ich dableiben und mein Kind zu Hause zur Welt bringen könnte. Aber Tag für Tag kamen neue Schreckensmeldungen. Und als die anderen Bewohner aus unserem Haus anfingen ihre Sachen zu packen, da bereitete auch ich mich auf die Flucht vor. Eines Morgens verließen wir unsere Wohnungen und all unser Hab und Gut. Wir konnten nur mitnehmen, was wir selber schleppen konnten. Ich hatte einen Rucksack auf dem Rücken und eine Reisetasche in der einen Hand. Mit der anderen Hand schob ich den Kinderwagen. Da saß dein Papa drin, dick eingemummt in seine wärmsten Sachen, und hielt Onkel Bär Meier fest im Arm.«

Großmutter sieht auf den alten Teddybär nieder. »Damals war er noch ganz neu«, sagt sie. »Dein Großvater hatte ihn mitgebracht, als er zu Weihnachten auf Urlaub zu Hause gewesen war. Es ist das letzte Andenken, das wir an ihn haben.«

Großmutter stockt und sieht über Sofie hinweg aus dem Fenster. Sofie denkt an das einzige Foto von Großvater, das es noch gibt. Er hat darauf eine Uniform an und sieht sehr ernst aus. Er ist in den letzten Kriegswochen gefallen.

»Ach ja«, seufzt Großmutter, »es war ein jammervolles Bild, wie wir da so miteinander zum Bahnhof zogen. Dort war natürlich ein fürchterliches Gedränge. Wir hatten Glück, daß wir überhaupt noch einen Platz bekamen in einem Zug. Sie versuchten zu Fuß und mit Leiterwagen und Pferdefuhrwerken zu fliehen. Die meisten von ihnen sind unterwegs erfroren oder von den Russen eingeholt worden.

Wir aber saßen miteinander in einem überfüllten Viehwaggon, in dem man sonst Kühe und Schweine transportiert hatte. Jetzt transportierte man damit Flüchtlinge. Draußen herrschte eine eisige Kälte, denn es war Winter, und in den Waggons gab es natürlich keine Heizung. Wir froren entsetzlich. Außerdem hatten wir Angst, daß sowieso alles zu spät sein könnte, denn der Zug fuhr sehr langsam und blieb oft viele Stunden auf offener Strecke stehen, ohne daß wir wußten warum. Manchmal hielten wir tagelang an irgendeinem kleinen Bahnhof, und niemand konnte sagen, ob wir überhaupt je wieder weiterfahren würden. Bei einem solchen Aufenthalt brachte ich in einer bitterkalten Februarnacht Onkel Horst zur Welt – auf Heu und Stroh in der Ecke eines Viehwaggons. Es war die schlimmste Nacht meines Lebens. Ich war so verzweifelt, daß ich nur weinte und weinte und nicht mehr aufhören konnte. Die Frauen im Waggon, die mir beistanden, weinten auch, weil ihnen der kleine Junge leid tat, der in ein solches Elend hineingeboren war, in eine Welt voller Tod und Grausamkeit und Schrecken. Sie fanden, es wäre besser für ihn gewesen, nie geboren zu sein.

Mir ging es so schlecht, daß ich gewiß gestorben wäre, wenn mich nicht am anderen Tag ein mitleidiger Eisenbahner auf einem Fuhrwerk ins nächste Dorf gefahren hätte. Er brachte mich und meine beiden Kinder auf einen kleinen Bauernhof, auf dem eine mürrische alte Frau als einzige Bewohnerin zurückgeblieben war. Sie hatte sich geweigert, mit den anderen zu fliehen. Lieber wolle sie zu Hause sterben als elend auf der Fahrt umkommen, sagte sie.

Die alte Bäuerin versorgte die Kleinen und pflegte mich, so gut sie konnte. Sie hatte Mitleid mit uns, wenn sie uns auch die ganze Zeit über kaum ein freundliches Wort gab. Es war ihr unbegreiflich, daß es Leute gab, die in einer solch furchtbaren Zeit auch noch Babys zur Welt brachten. Als ob es nicht schon genügend Unglück gäbe! Sie war der Meinung, daß ich mit dem einen Jungen schon Last und Sorgen genug gehabt hätte.

Schwach und krank, wie ich dalag, gab ich ihr in Gedanken recht. Aber je mehr ich wieder zu Kräften kam, desto sicherer schien es mir, daß der liebe Gott sich etwas dabei gedacht hatte, als er gerade jetzt dieses Kind zur Welt kommen ließ. Und wirklich, das hatte er, wenn ich es auch erst viel später erfuhr. Denn stell dir vor, Sofie, der Güterzug, mit dem wir gefahren waren, ist niemals im Westen angekommen. Irgendwo unterwegs hat ihn eine Bombe getroffen. Und alle Menschen, die darin waren, wurden getötet.«

Großmutter bricht ab. Sie fährt sich über die Stirn und schüttelt den Kopf, als könnte sie es heute noch nicht glauben.

»Ich aber lebte und wurde wieder gesund«, beendet sie schließlich ihre Geschichte. »Und dann hatten wir noch das Glück, einen Lastwagenfahrer zu finden, der uns mitnahm und in den Westen brachte. Von all unseren Hausbewohnern waren wir die einzigen, die durchgekommen sind.«

Nun schweigt die Großmutter. Sofie und Onkel Bär Meier schweigen auch. Großmutters Geschichte ist so ungeheuerlich, daß Sofie fürs erste die Sprache verloren hat.

Nach einer Weile sagt Großmutter: »Ohne Onkel Horst wären wir heute alle nicht da – dein Papa nicht und ich nicht. Und du auch nicht.«

»Was, ich? Wieso?« ruft Sofie.

Großmutter lächelt. »Na, dann wäre dein Papa ja kein erwachsener Mann geworden und hätte deine Mama nicht heiraten können«, erklärt sie. »Und dann gäb's dich eben nicht.«

Sofie versucht sich vorzustellen, wie das wäre, wenn es sie nicht gäbe. O nein, etwas so Schwieriges kann sie sich nicht vorstellen. Neben ihr kippt Onkel Bär Meier auf die Seite und brummt.

»Pst«, sagt Sofie, »du wärst nämlich auch nicht mehr da!« Und sie setzt ihn auf die Sofalehne, auf der er seinen Stammplatz hat. Das Sofa stünde auch nicht hier, denkt sie weiter. Denn dann würden ja ganz andere Leute hier wohnen mit anderen Möbeln.

»So was Komisches«, sagt sie laut und sieht Großmutter verwundert an. »Wenn du nicht ein Kind gekriegt hätt'st auf Heu und Stroh, dann wär' alles anders!«

VERA FERRA-MIKURA

Weil Weihnachten ist

»Kannst du ans Telefon gehen, Monika?«

Die Küchenmaschine, mit der Frau Monika Haselnüsse zerkleinert, rattert und knirscht wie ein schwer beladener Güterzug; deshalb hört Frau Monika das Telefon nicht klingeln. Und sie hört auch nicht, was ihr Mann draußen ruft.

»Och, der schreckliche Mixer«, stöhnt Herr Bruno.

Er stellt den halbvollen Ölkanister mitten in der Diele ab, dreht sich auf dem Absatz um und hastet ins Wohnzimmer zurück.

Seine Hände sind noch fettig vom Heizöl.

Er hebt den Hörer mit zwei Fingern vom Apparat.

»Ebermann!« Der Hörer rutscht ihm fast aus der Hand, als er die eingeringelte Telefonschnur in die Höhe zieht. »Ja, Ebermann spricht hier! Wer bitte? Welcher Helmut ist dort?«

Der Anrufer lacht ihm vergnügt ins Ohr.

»Kein Wunder, daß du raten mußt, wer ich bin, lieber Bruno. Ich bin der lustige Dicke vom Schikurs! Allerdings ist es länger als ein Jahr her, seit du mir eure Telefonnummer gegeben hast!«

Der lustige Dicke wünscht den Ebermanns frohe Feiertage, und anschließend muß er Herrn Bruno unbedingt erzählen, was ihm seit dem Schikurs alles passiert ist.

Während Herr Bruno dem langen Bericht lauscht (und von einem Fuß auf den anderen steigt), knetet er die Verschlußkappe des Ölkanisters in der rechten Hand. In der Eile hat er die Kappe nicht an den Kanister geschraubt. Das wird er aber gleich nachholen, sobald das Telefongespräch beendet ist.

Frau Monika hat indessen die letzten Haselnüsse zerkleinert und mit den Nußbröseln die Torte bestreut.

Zufrieden schiebt sie die Torte in den Kühlschrank.

Bevor die Kinder vom Eislaufen heimkommen, will sie schnell noch duschen und sich umziehen.

Schwungvoll verläßt sie die Küche, und schwungvoll marschiert sie in Richtung Badezimmer.

Ein dumpfes Poltern! Ein gellender Schrei!

(Wir wissen schon, was das bedeutet – es war ja vorauszusehen.)

Herr Bruno Ebermann weiß es jetzt auch. »Menschenskind, der Kanister!« keucht er entsetzt, und nun rutscht ihm der Hörer endlich doch aus den Fingern.

»Was ist denn los bei euch?« fragt der Anrufer ins Leere.

Herr Bruno kann die Frage nicht beantworten.

Er hilft seiner Frau, die in der dämmrigen Diele über den Kanister gestolpert ist, auf die Füße, dann packt er den Kanister, aus dem immer noch das Heizöl herausblubbert, und stellt ihn an die Wand.

»Hast du dir weh getan, Monika?« stammelt er. »Ist alles in Ordnung?«

»Schon – nur erschrocken bin ich«, sagt Frau Monika mit einem Zittern in der Stimme.

Im ganzen Haus riecht es nach Gebratenem und Fisch, nach Vanillezucker, Gurkensalat und Tannengrün.

Bei den Ebermanns im fünften Stock riecht es, als hätten sie eine Tankstelle in der Wohnung.

»Hallo, was ist los?« ruft der lustige Dicke noch ein paarmal. »Gibt es Ärger bei euch?«

Schließlich legt er kopfschüttelnd auf.

Die Ebermanns kauern vor dem Ölsee in der Diele und stopfen triefendes Zeitungspapier in die Müllsäcke.

»Ein Glück, daß wir soviel Altpapier haben«, sagt Frau Monika, »damit geht es am besten.«

»Wirst sehen, bald haben wir es geschafft«, sagt Herr Bruno.

Keiner denkt daran, dem anderen Vorwürfe zu machen.

An jedem anderen Tag hätte Frau Monika gesagt: »Deine Schlamperei ist schuld – wer stellt schon einen offenen Kanister mitten in den Weg!«

Darauf hätte Herr Bruno erwidert: »Was kann ich dafür, daß du keine Augen im Kopf hast?«

Doch heute kommen ihnen solche Worte gar nicht in den Sinn.

Heute geschehen überhaupt viele kleine Wunder auf Erden.

Heute, weil Weihnachten ist.

JOSEF REDING

Der Wunderschirm

Schon im Oktober hatte ich im Laden von Frau Feiler eine leichte Arbeit aufgenommen. Das heißt: Arbeit kann man es eigentlich nicht nennen. Ich habe vorbestellte Lebensmittel aus Frau Feilers Delikatessengeschäft zu den Kunden gebracht: ein Viertelpfund Salami zu der Familie Gershoff, eine Schale Nudelsalat zur Oma Kroog, ein Päckchen grüne Nudeln zu Herrn Willebrandt.

Dabei kam für mich allerlei Kleingeld zusammen. Frau Feiler gab mir für jeden Tag, an dem ich in ihrem Laden aushalf, eine Mark. Und die Kunden gaben mir meistens ein Zehnpfennigstück als Botenlohn.

Ich wußte genau, was ich von dem Geld kaufen wollte: einen eleganten Regenschirm für meine Mutter. Mutter hatte den Schirm im Geschäft für Damenmoden in der Herderstraße gesehen, als sie mit mir dort spazierenging. »Siehst du, Nicole, so einen Schirm habe ich mir schon immer gewünscht.« »Meinst du den Schirm mit den grünen Punkten, Mutti?« fragte ich. »Nein, den Schirm neben dem Damenhut, den mit den blauen Streifen und dem durchsichtigen Knauf.« »Warum kaufst du ihn dir nicht?« fragte ich. Mutter lachte ein wenig bitter. »Der ist für mich viel zu teuer, heute«, sagte sie. »Ja, wenn Vater noch lebte. Aber jetzt, wo ich Witwe bin ...« Mutter brachte den Satz nicht zu Ende, aber ich wußte, was sie sagen wollte. Seitdem Vater im Bergwerk den tödlichen Unfall hatte, mußten wir jedes Geldstück vor dem Ausgeben dreimal umdrehen.

Einen Tag später habe ich die Inhaberin des Damenmodengeschäfts gebeten, den Schirm bis kurz vor Weihnachten für mich zurückzulegen. Die Frau war erstaunt. »Du willst diesen Damenschirm, Nicole? Ich habe auch einen schönen Kinderschirm unter meinen Artikeln. Der paßt doch besser zu dir und ist auch viel billiger. Wie alt bist du jetzt, Nicole?«

»Acht Jahre. Aber ich will den Schirm nicht für mich. Ich möchte ihn für meine Mutter als Weihnachtsgeschenk.«

»Meinst du, daß du das Geld bis Weihnachten zusammenbekommst?«

»Bestimmt«, sagte ich. »Ich helfe Frau Feiler im Delikatessengeschäft.«

»Na, da hat Frau Feiler an dir ja eine tüchtige Hilfe. Grüß sie von mir, Nicole. Und der Schirm mit den blauen Streifen und dem durchsichtigen Knauf bleibt für dich reserviert.«

Einen Tag vor Heiligabend hatte ich das Geld für den Schirm durch meine Botengänge zusammengespart. Frau Feiler sagte beim Abschied zu mir: »Ohne dich wäre ich nicht zurechtgekommen, vor allem nicht in den letzten Tagen vor Weihnachten. Diese vielen Sonderwünsche in der letzten Minute! Du kannst vor Festtagen zu jeder Zeit wieder bei mir anfangen, Nicole. Und hier gebe ich dir noch einen Gutschein. Da kann deine Mutter gratis bei mir einige Waren kaufen. Ein frohes Weihnachtsfest, Nicole!«

Ich bedankte mich bei Frau Feiler und flitzte los, zum Damenmodengeschäft. Jawohl, die Inhaberin hatte ihr Versprechen gehalten: Der Schirm mit den blauen Streifen und dem durchsichtigen Knauf war zurückgelegt. Ich bezahlte ihn und schob ihn zu Hause in meine Spielzeugkiste, unter den Lederlöwen.

Am Mittag vor Heiligabend setzte ich mich in mein Zimmer, machte mit einem Klebestreifen den Warengutschein von Frau Feiler am durchsichtigen Knauf des Schirms fest und wollte gerade den Schirm in Geschenkpapier einwickeln, als Mutti rief: »Nicole, Frau Feiler war gerade am Telefon. Ob du rasch noch einen Gang für sie machen kannst. Aber zieh deinen Regenmantel an. Es gießt!«

Ein Blick aus dem Fenster. Tatsächlich, Regen, Regen, Regen! Das soll ein Weihnachtswetter sein?

»Ich muß noch die letzten Einkäufe machen, Nicole! Nimm den Schlüssel mit!«

»Schon war Mutti fort. Als ich aus der Wohnung wollte, sah ich, daß Mutti unseren einzigen alten Regenschirm mitgenommen hatte. Mir blieb keine andere Wahl. Ich mußte den Geschenkschirm nehmen, wenn ich nicht patschnaß werden wollte.

Der Gang für Frau Feiler war schnell erledigt. Eine Kundin wollte noch einen Weihnachtsstollen und ein Glas Oliven. Sie gab mir eine Duftseife als Botenlohn.

Ich lief durch Regen und Wind nach Hause. Unter den eisigen Tropfen waren kleine Hagelkörner. Die Haut im Gesicht und an den bloßen Händen tat weh.

Vor der Haustür spannte ich den Geschenkschirm einigemal auf und zu, um das Wasser abzuschütteln. Aber der Schirm glänzte noch immer vor Nässe. Im Hausflur wollte ich ihn nicht stehenlassen. Mutti würde ihn sehen. So nahm ich den Schirm mit in mein Zimmer und stellte ihn geöffnet auf den kleinen Balkon mit der Überdachung. So konnte der Schirm trocknen, ohne daß Mutti ihn vor der Bescherung zu sehen bekam.

Am Heiligabend gab Mutter mir drei Geschenke: eine neue

Schultasche, einen selbstgestrickten Pullover und das Taschenbuch von »Onkel Toms Hütte«.

»Für dich habe ich auch etwas«, sage ich und eile in mein Zimmer, mache die Balkontüre auf und – nein, wo ist der Schirm!? Der Balkon ist leer. Nur der schneidende Wind streift über ihn hin.

Ich schaue über das Balkongeländer nach unten. Nur Dunkelheit.

»Gib mir rasch die Taschenlampe, schnell – da ist was vom Balkon – ein Geschenk ...!« Ich stammle nur noch. Mit der Taschenlampe in der Hand suche ich verzweifelt unter dem Balkon, ums ganze Haus. Ich leuchte über die Zäune in die Gärten der Nachbarn. Vergeblich. Der kalte, nasse Wind macht mich schaudern. Traurig gehe ich ins Haus zurück.

Mutti merkt, daß ich den Tränen nahe bin. Behutsam fragt sie. Nach und nach erzähle ich ihr die Geschichte von meiner Arbeit bei Frau Feiler für den schönen Schirm mit den blauen Streifen und dem durchsichtigen Knauf.

Mutti sagt: »Daß du so für mich gearbeitet hast! Ich danke dir für den Schirm. Wenn auch der Wind ihn mir fortgeweht hat, so empfinde ich es doch so, als wenn ich dein Geschenk bekommen hätte, Nicole!«

Ich erzähle noch vom Warengutschein. Da fällt mir die Duftseife ein, die ich bei meinem letzten Botengang vor Heiligabend bekommen habe. Rasch hole ich sie, male den verschwundenen Regenschirm für Mutti auf ein Blatt Papier und schenke ihr beides. »Als Ersatz«, lächele ich verlegen. »Das ist kein Ersatz. Das ist für mich ein richtiges Geschenk«, sagt Mutti.

»So ganz richtig ist es nicht«, sage ich. »Wenn es regnet, wirst du dir statt des Regenschirms nicht das Blatt Papier über den Kopf halten können.«

»Da hast du recht«, sagt Mutter. »Aber der alte Schirm ist schließlich noch da. Und vielleicht haben wir nach dem verregneten Heiligabend schöneres Wetter.«

MARIELUISE BERNHARD-VON LUTTITZ

Auch Bumfidel macht sich Gedanken über den Frieden

Mama«, sagt er.

»Ja«, sagt die Mutter. Sie sitzt an der Nähmaschine und näht.

»Kann ich dich mal was fragen, Mama?«

»Na, dann frag doch schon!«

»Ist Frieden eigentlich was Schwieriges, auch für die Erwachsenen meine ich, die ihn immer wollen? Nur das klappt gar nicht. Dauernd ist Krieg!«

»Und ihr«, wendet die Mutter ein, »wie ist das mit euch?«, womit sie Bumfidel und seine Freunde meint.

Bumfidel gibt zu: »Wir sind ja noch Kinder. Wir haben gern Streit, weil das spannender ist. Nur hinterher, wenn wir fertig sind, da ist Frieden dann wieder schön!«

Die Mutter macht: »Hm!« Sie beißt einen Faden mit den Zähnen ab. Bumfidel aber fällt noch etwas ein. »Und dann sagen die Großen immer, daß sie Frieden und Freiheit wollen. Gleich beides zusammen. Aber, Mama, da finde ich, daß das echt schwierig ist. Wenn ich Freiheit will, dann meine ich doch das, was mir selber am wichtigsten ist. Und ein anderer dann auch, eben weil er ein anderer ist. Und schon gibt's Knatsch, wenn nicht beide zufällig das gleiche wollen, weil sie Freunde sind. Und dann auch nicht immer. Ich kann natürlich nachgeben, damit Frieden ist. Nur meine Freiheit ist das dann nicht. Wie geht das bloß alles zusammen?«

Die Mutter hebt jetzt den Kopf, setzt die Brille ab: »Was du dir nicht alles zusammendenkst. Da kannst du ja gleich Politiker werden. Man muß sich bemühen, andere halt auch zu verstehen. Jeder den anderen. Das ist nun mal so. Dafür hat der Mensch ja seinen Verstand!«

Bumfidel nickt und zögert ein bißchen: »Aber auch sein Herz. Das Herz braucht er auch, glaube ich. Das gehört zum Verstand dazu, wenn wirklich was dabei rauskommen soll. Mein Herz, glaube ich, das könnte sogar meinen Feind verstehen. Jedenfalls so, daß ich ihm nicht gleich den Kopf abreißen will. Mein Verstand kann das viel weniger!«

»Genau«, sagt die Mutter. »Da sagst du es selbst. So einfach ist das. Aber jetzt laß mich bitte in Frieden. Wie soll ich denn meine Arbeit schaffen, wenn du immer mit solchen Sachen kommst?«

Bumfidel trollt sich. Er denkt weiter nach. So ganz be-friedigt ist er noch nicht.

Bumfidel grüßt alle Freunde zu Weihnachten!

Quellennachweis

S. 39: aus: Irina Korschunow: Steffis roter Luftballon. Geschichten für die Kleinsten. Ill. von Edith Schindler, © 1978 by Benziger Verlag GmbH, Zürich und Köln, 3. Aufl. 1981. – S. 42: aus: Barbara Homberg (Hg.): Warten auf Weihnachten, © Verlag Friedrich Oetinger, Hamburg 1978. – S. 56 (Rätselauflösung): Die Freundschaft.